广州美术学院学术著作出版基金资助

何韵旺　著

物质·现状·复原

保存修复学视野下的美术研究

ZHEJIANG UNIVERSITY PRESS
浙江大学出版社
·杭州·

图书在版编目（CIP）数据

物质·现状·复原 ：保存修复学视野下的美术研究 /
何韵旺著 . -- 杭州 ： 浙江大学出版社， 2025. 6.
ISBN 978-7-308-25908-8

Ⅰ. G264.3

中国国家版本馆 CIP 数据核字第 2025AE2954 号

物质·现状·复原：保存修复学视野下的美术研究

何韵旺　著

责任编辑	韦丽娟
责任校对	李瑞雪
装帧设计	邵　旻
出版发行	浙江大学出版社
	（杭州市天目山路148号　邮政编码310007）
	（网址：http://www.zjupress.com）
排　　版	大千时代（杭州）文化传媒有限公司
印　　刷	杭州捷派印务有限公司
开　　本	710mm×1000mm　1/16
印　　张	13.25
字　　数	209千
版 印 次	2025年6月第1版　2025年6月第1次印刷
书　　号	ISBN 978-7-308-25908-8
定　　价	108.00元

自　序

　　2005年暑假，我驻留新疆克孜尔千佛洞一月有余，每天进到洞窟里临摹壁画，休息之余环绕洞窟中心柱，细心地观摩相隔千年的画师留下的精美壁画，颇有时空穿越的错觉。对于长期使用纸、绢创作的画家而言，近距离观看壁画或许略显"粗糙"，但对于习惯了使用粗颗粒矿物颜料创作的自己而言，亲临石窟现场观看壁画，却有着意料之外的"细腻"感。当然，粗糙与细腻都是感性而直观的认知，对身处当下的我们而言，获取绘画工具与材料有着近乎唾手可得的便利，很难想象古代画师面对石窟墙壁时，是怀着怎样的心情开始创作的。从在崖壁上开凿洞窟开始，接着把粗糙的墙体耐心地加工平整，之后画师带着沉重的作画工具与材料，攀爬进幽暗的洞窟，克服因洞窟内外温差而导致胶液凝固的不便，解决绘画过程用水等各种困难。更难以想象的是，当时的画师又是怀着怎样的信念，在远离尘嚣的幽静山谷中，完成一幅又一幅的壁画绘制。也许，作画过程并非现代人想象中的诗和远方的浪漫，更多的是在交织着信仰与生存的现实问题中，完成一个师傅交托的"订单"吧。这或许正是本书最初的撰写动机之一，抛开一厢情愿的遐想，尽可能设身处地地了解美术作品的生成经历了什么。

一、本书的视角

　　一般而言，美术史与文化史、民族学、民俗学互为交织，是以美术作品为第一性资料的形而上研究，而对于作品支撑体、材料与技法、保存状态的关注较少。这一方面是因为从事美术史研究的学者鲜有机会兼顾创作实践；另一方面，从事考古相关的科学调查研究人员，对美术作品的材料与技法实际应用的了解有限。倘若要对东方古代绘画进行更全面深入的研究，则需要在人文科学与自然科学之间架构一个跨学科的视角，其研究内容涉及考古、美术史、艺术表现等领域，而美术遗产的保存修复学，正是基于这一理念应运而生的新学科。西方国家在此领域的研究较早，已将保存修复作为美术史研究的方法之一。20世纪60年代，日本开创性地在艺术大学的美术学科中设置了文化遗产保存学专业，时至今日已走过半个多世纪的发展历程，其研究方法不断扩充着美术史的研究边界。本书从美术遗产保存修复的视角，结合文献考证、田野调查、科学分析、艺术再现等方法，对古代美术作品的物质、观念、现状与复原等问题进行探讨。

二、本书的构成

本书由四个章节构成，涉及古代绘画的物质构造、色彩观念、材料技法、现状与复原等领域，呈现了美术遗产保存修复研究应有的知识结构与研究方法。

现象学将美术作品的材料看作"传递形象显灵"的物质，材料可分为"结构"与"外观"两个方面，并且结构从属于外观。在对美术作品的完整认知中，除了与作品形象息息相关的颜料之外，对支撑体、地仗层等结构性材料的了解同样不可或缺。本书第一章系统介绍古代绘画的支撑体、彩色材料、胶结材料。作为基础知识，第一节系统介绍了不同类型的绘画支撑体及其加工技术，有助于理解不同类型绘画之间材料及技法的流布与变迁。当然，在保存修复领域，材料的范畴不限于被转换为作品形象的结构及外观，观者与作品之间的各种中介元素如光源、大气等，同样是作为传递形象的物质，其功能不亚于支撑体或者彩色材料，这一观点在本书第四章第三节的复原研究中将有所体现。第一章第二节是关于古代绘画彩色材料的介绍，以相同色系的颜料为类别，结合文献考证与实践研究，尽可能厘清尚存争议或含糊的概念与色名。第三节是关于古代绘画胶结材料的介绍，以"汉字文化圈"的文化环流视角，重点阐释传统胶结材料中动物胶的历史、原料与制作方法。

第二章是关于古代绘画的色彩观。早期佛教壁画的色彩观受到印度古代文艺理论的影响，成书于公元前后的《舞论》是一部戏剧理论著作，看图讲故事是印度戏剧的根源之一。该章第一节以戏剧与绘画的关系为切入点，阐释了壁画人物颜色与戏剧演员妆饰颜色之间的内在关联。第二节中出现的代表笈多时代艺术见解的《毗湿奴法上往世书》，其色彩理论在继承《舞论》的基础上又有所创新。该书第三部分涉及美术创作的度量、法则、色彩等知识，对于理解古印度美术及早期佛教美术的造型与色彩具有重要的启示价值。第三节介绍与绘画创作直接相关的艺术理论著作《画经》中的造型与色彩。《画经》是《毗湿奴法上往世书》第三部分中第三十五章至四十三章的内容，该部分内容涵盖造型度量、材料与技法等方面的知识，对缺乏文献资料的中亚地区壁画的研究现状而言，具有重要的参考价值。

从形而上的色彩观念到形而下的赋色技法，第三章第一节系统阐述了古代印度、中国、日本艺术理论中的合色法则。由于地缘与文化的关系，中国与日本的合色理论关联较大，江户时期的绘画技法书中所记载的合色方法，多数引自中国清代的艺术理论著作，当然也包含一些误传或错误的记载。第二节介绍了古代绘画赋色的另一个重要方法——叠色。叠色构造源于壁画的色彩表现，进而影响着木板彩绘及纸绢绘画彩色技法的发展。日本坚定地吸收了大唐美术的精华，直至江户时期的绘画艺术中，叠色之美依然大放异彩。除此之外，第三节所涉及的截金技艺也是东方美术璀璨的光辉。从出土的美术作品来看，截金滥觞于犍陀罗地区，流行于龟兹与敦煌美术，并在7—9世纪的唐代美术中留下浓墨重彩的一笔。东传日本后，在奈良到镰仓时期的美术中大放异彩。第四节是关于中亚地区锡箔彩色技法的介绍。在传统的观念中，锡箔是西方中世纪古典坦培拉的常用材料，但在中亚地区的龟兹、巴米扬壁画中，锡箔是使用最多的金属材料。克孜尔石窟中锡箔使用技法的丰富性及悠久的使用历史，显示出其与相邻的巴米扬壁画及欧洲中世纪绘画的关联性。锡箔彩色技法在克孜尔的发展与成熟，为研究古代中亚与西方中世纪绘画的关联提供了崭新的视角。

现状摹写与复原研究是古代绘画研究的两种方式。写本时代，摹写是作品复制与传播的唯一方法，随着图像复制及数字技术的高度发达，现状摹写的重点从作品的复制转向了对古典材料与技法的传承。第四章第一节是关于摹写概念、图像传承及粉本转移技术等基础理论的阐释，展现了粉本规范性与图像增殖、繁衍创造性的辩证关系。第二节通过《孔雀明王像》的现状摹写案例，呈现了现状摹写作为美术研究方法应当涵盖的内容与论证方式。如果说现状摹写是为了记录历史，那么复原就是在追溯美术研究的原点。作为美术遗产保存修复研究的最高阶段，复原基于科学调查与史实考据，以与原作相同的材料和技法，尽可能忠实地呈现作品在动态的历史发展中的某个片段，其研究构成与成果体现了美术作品的历史物质性，与美术史研究形成良性的互补关系。第三节以克孜尔第14窟佛龛的复原为例，对照佛经文本与佛龛的实际视觉效果，以实证研究的方法对佛龛的现状进行释读与转译，以此论证佛龛装饰材料与主题内容表现之间的有机关联，展现了复原研究的基本范式与方法。

三、本书的意义

美术作品不仅仅是物质与材料的组合，而是包含技法、观念、艺术表现在内的一个整体。这一观念既成为本书的写作基础，也构成本书研究方法的一部分。在保存修复学的研究视野中，即便作品在材料上支离破碎，但它仍将作为作品的整体之一潜藏于各个碎片中。因此，本书所介绍的材料与技法是作为美术遗产保存修复研究的基础知识；在此基础上，本书提供了两种研究路径，即现状摹写与复原研究。现状摹写从美术学层面为作品的深入解读提供了有效途径；复原是建立在多维视角与知识构造上的综合性研究，在此过程中，理论研究与艺术实践的互补显得尤为重要。本书从美术遗产保存修复的视角，展现了作为美术研究应当涉及的基础知识、研究方法及研究范式。由于学识有限，笔者在研究与写作中力不能及乃至错误和疏漏之处在所难免，在此真诚期待读者的批评指正。

目 录

第一章　古代绘画的物质构造

第二章 古代绘画的色彩观

第三章　作为文化的色彩与技法构造

第四章　现状摹写与复原研究

第一章
古代绘画的物质构造

除龟兹、敦煌等地实际的壁画遗存外，透过唐代张彦远《历代名画记》所记载的"两京外州"寺观壁画，不难想象古代规模宏大的壁画创作的繁荣景象。就可移动绘画而言，《历代名画记》中记载的纸本绘画数量不足十件，可见古代除壁画外，绢本绘画不仅有着悠久的历史，其固有的细腻与柔美特性还更显高贵气质。宋代以前的纸本绘画以麻纸居多，相比细腻的绢布并非理想的载体。然而，绢与纸的社会地位在宋代以后发生了显著变化，随着竹纸、青檀皮纸的问世，这些材料因其更适宜书法与水墨表现而得到文人士大夫阶层的青睐，由此推动了宋代绘画表现样式的革新。新的纸本支撑体绘画表现主要以水墨为媒介，其他类型的绘画也受此影响，设色渐趋淡雅，因而更强化了绢布适于色彩绘画的传统观念。在这一观念的影响下，以支撑体的生熟、胶矾的使用与否、表现的精神性等因素交织而形成的绘画观，随江户时期的南画传至日本，形成与"汉字文化圈"相似的绘画观念与审美特征。本章从绘画物质构造的视角出发，系统阐述古代绘画的支撑体、彩色材料、胶结材料等基础知识，同时关涉不同支撑体加工技术背后所隐含的材料及技法的流布与变迁，为理解其他章节内容提供必要的知识基础。

第一节 古代绘画的支撑体

　　绘画的支撑体是指绘画艺术创作的物质载体。古代绘画常见的支撑体有墙壁、木板、织物、纸、皮革等，绘画支撑体的选择与生产技术息息相关。壁画支撑体多为自然场所或人工壁体，木板取之于树木，这些物质的获取、利用相对容易。织物支撑体的使用依赖于发达的养蚕技术及植物纺织技术；纸本支撑体的开发更是建立在纺织业发展的基础上，因为早期麻纸、皮纸的原料植物韧皮纤维本就源自纺织品，制作良好的纸本支撑体需要更高的纸张加工技术与人工成本。壁画作为最早成熟的绘画形式，其支撑体的加工技术原理对其他绘画类型而言具有开创性意义。

一、壁画支撑体

（一）壁画支撑体的种类

　　欧亚大陆上，目前所知最东端的湿壁画是印度布里哈迪希瓦拉神庙壁画，而绘制在黏土墙壁上最西端的干壁画位于古代萨珊王朝时期的伊朗一带。以石膏与黏土为地仗兼具干、湿两种属性的壁画，则分布在兴都库什山脉南麓的巴格拉姆、喀布尔河中游以及中国西域南道东部的米兰等遗址。喀布尔河中游出土的是石灰地仗的湿壁画，其风格受希腊化佛教样式的影响，而同样受这一样式影响的新疆米兰壁画（图 1.1-1），则是在混有麦秸的黏土地仗上涂石膏白底，采用干壁画的方法绘制而成。丝绸之路沿线壁画以阿富汗近郊为界线，以西地区以湿壁画为主，以东地区以干壁画为主。以石灰还是黏土作为地仗材料反映出该地区壁画彩色技法的本质与地质特征。而位于欧亚大陆中间地带的阿富汗巴米扬（图 1.1-2）、新疆克孜尔等地区的石窟壁画（图 1.1-3），不仅在风格上呈现出多元文化特征，在缺乏历史文献资料的情况下，其丰富的材料与技法还为壁画的美术史研究提供了新的视角。

常见的干壁画支撑体有岩石、砖石、土质、木质材料几大类。岩石支撑体可进一步分为自然岩体、人工石块及与其他填充料一起形成的卵石结构。岩石支撑体主要有砂砾岩、石灰岩、沉积岩等几类。砂砾岩类具有良好的整体性和结构强度，有利于人工开凿，其垂直节理发育所形成的陡峭崖壁，为石窟开凿提供了理想的地质条件，从而显著降低了施工成本。砖石支撑体包括生砖、土坯、熟砖。砖石是古代乃至现代常见的建筑材料，作为壁画支撑体常见于宫殿、墓葬、寺院。常见的土质支撑体有生土立面、夯筑、手塑土面等，常见于建筑、墓葬等壁画中。木质支撑体有木柱、木板、篱笆等，常见于民间寺观壁画中。支撑体是壁画的基础，其特点决定了壁画的制作工艺和材料特征，支撑体的稳定性直接决定了壁画保存的稳定性，所以在对壁画材料和工艺的研究中，不能忽视关于支撑体材料和性质的研究。

（二）壁画支撑体的加工

关于干壁画支撑体加工技术的最早记载，见于印度《画经》第四十章第 1—8 诗节。该部分讲述了从地仗层到底色层的材料与制作方法，对于了解古代印度及中亚地区壁画的地仗构造具有重要的参考价值，[1] 详细内容参见本书第三章第三节。不同的地域及壁画绘制技术的不同，支撑体加工的材料、技法也多种多样。就东方干壁画而言，支撑体的加工包括了地仗层、隔离层、底色层的制作。

1. 地仗层

地仗层是位于支撑体之上的多孔层位，它在支撑体与颜料层之间提供一个多孔的过渡界面，其主要功能是使墙体表面平整以满足壁画绘制的要求（图 1.1-4）。地仗层可以隐藏支撑体原有的表面质地，以及提供壁画不同的制作方式与材料表

1　定金計次 . サンスクリット絵画論とインド古代壁画—理論と実際 [D]. 京都市立芸術大学，1989：56.

图 1.1-1　新疆米兰遗址出土壁画，4 世纪，新德里国立博物馆

图 1.1-2　阿富汗巴米扬石窟壁画

图 1.1-3 克孜尔第 171 窟壁画，柏林亚洲艺术博物馆藏

图 1.1-4　干壁画的地仗构造

现的条件。地仗的种类主要有泥质、石灰质、石膏质三种。地仗层的最小成分为黏结物加填充料,最大成分由黏结物加填充料及其他添加剂等三种以上物质构成。黏结物是构成地仗的基质材料,具有将地仗里其他成分黏结在一起的性能,常见的黏结物有黏土、石灰、石膏。

　　黏土作为泥质地仗的黏结物,与石灰、石膏的不同之处在于其凝固无须化学反应,其优点在于材料的可获得性强且易于加工。但泥质地仗的耐久性比石膏或石灰质地仗低,它们与水接触后会迅速恶化。泥质地仗可以再润湿返工,其接缝比石灰质地仗的接缝更容易隐蔽。泥质地仗因含水量高,具有柔软的延展性和缓慢干燥的特征。关于黏土地仗的具体做法,可参见《营造法式》中的画壁内容:
"造画壁之制:先以粗泥搭络毕,候稍干,再用泥横被竹篾一重,以泥盖平,又候稍干,钉麻华,以泥分披令匀,又以泥盖平;(以上用粗泥五重,厚一分五厘。若栱眼壁,只用粗细泥各一重,上施沙泥,收压三遍。)方用中泥细衬,泥土施沙泥,候水脉定,收压十遍,令泥面光泽。凡和沙泥,每白沙二斤,用胶土一斤,麻捣洗择净者七两。"[1]这是宋代寺观壁画常用的"竹骨泥墙"地仗的加工方法,各地区壁画地仗的材料因地域与年代有所区别,但其结构的分层原理基本一致(图 1.1-5)。石灰是具有凝结性的黏结材料,通过混合石灰与骨料如沙土等制成石灰质地仗。这种混合物抹在墙上后,经过碳酸化作用而凝固。在此过程中还

1　李诫.营造法式 [M]. 邹其昌,点校.北京:人民出版社,2006:92.

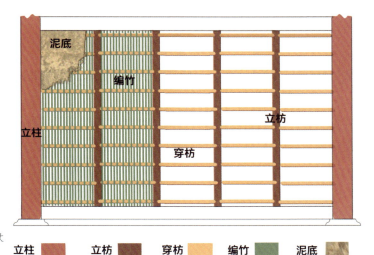

泥底

编竹

立枋

立柱

穿枋

| 立柱 | | 立枋 | | 穿枋 | | 编竹 | | 泥底 | |

图1.1-5 *竹骨泥墙的地仗构造，刘文钢提供*

图1.1-6 *克孜尔第175窟壁画地仗层外露的麦秸*

提供了用于湿壁画技术中黏合颜料所需的反应，但并非所有的石灰质地仗壁画都会采用湿壁画的制作技术，许多石灰质地仗的壁画也可以使用干壁画的制作技法。石膏作为一种黏结材料，也能将单独的填充料结合成一个紧密的整体。但石膏地仗的耐久性不如石灰质地仗，长期与水接触会发生恶化，导致地仗空鼓。

填充料是被黏结材料黏合在一起提供地仗体积的惰性物料。制作干壁画地仗常用的填充料包括无机骨料，如沙、石粉、石膏、方解石、大理石粉等，以及有机纤维，如动物毛、稻草、麻纤维等。在克孜尔壁画的地仗层中，就可见作为填充料的麦秸（图1.1-6）。填充料的体积大小、厚度、形状及填充料与黏结材料的比例，决定了地仗层的收缩系数、凝聚强度、纹理结构、孔隙密度、透气性等。

2. 隔离层

隔离层是指在支撑体、地仗层或者底色层表面的透明或者半透明的涂层。隔离层的主要作用是改良壁画层位表面的孔隙，防止颜料中的胶水迅速渗透或被吸收。隔离层通常由有机材料构成，如天然的树脂、油、动植物胶等，但也包含一些无机矿物成分，比如铝、钾、硫等。明矾是干壁画中常见的隔离材料，在日本正仓院文书中，奈良时代天平宝字年间（757—765）的彩画材料中出现了"卞"，是作为佛殿、厨子木板彩绘的必备材料，其计量单位为"合"。[1] 渡边明义认为"卞"指的是明矾，作为板绘的材料主要用于抑制木板的吸湿性。[2] 结合日本最早的绘画技法书《本朝画法大传》的记载，板绘制作中的第一道工序就是用明矾涂刷木板进行隔离处理，从这一点判断"卞"为明矾的可能性较大。另外，阿富汗巴米扬壁画使用干性油与铅白的混合物作为壁画的基底加工材料，同样具有隔离功能。[3]

3. 底色层

底色层一般位于支撑体或地仗层之上，由不透明的材料组成（图 1.1-7）。底色层在壁画中有多种作用：其一，可形成绘制壁画的基底层以便于颜料色相的呈现；其二，有效防止地仗层对颜料及胶液的迅速吸收而有利于颜料附着于壁体；其三，形成平整光滑的表面以改善下层的粗糙性和不规则性，提供合适的壁画背景色。底色层材料通常都是白色的矿物颜料，也存在使用有色矿物颜料和染料的情况。底色层在制作上和表面的颜料层接近，由一定比例的颜料、水和胶结物质混合后涂绘在地仗层之上。不同地区的壁画底色层使用的材料都很有限，但往往在工艺上有各自的特点。白色底色层的材料主要有滑石、石膏、方解石、铅白、云母等；红色底色层的材料主要有氧化铁和有机染料等。我国汉代的《汉宫典职

1 東京大学文学部史料編纂所. 大日本古文書·卷之二十五（補遺二）[M]. 東京：黎明堂，1940：263-337.

2 渡邊明義. 古代絵画の技術 [J]. 日本の美術 10，1999，401（26）.

3 谷口陽子. 中央アジア·バーミヤーン仏教壁画の分析（1）シンクロトロン放射光を用いた SR-μFTIR, SR-μXRF/ SR-μXRD 分析 [R]. 国立歴史民俗博物館研究報告（第 177 巻），2012：56.

图 1.1-7　板绘的高岭土底色层

仪式选用》记载了在石灰地仗之上使用铅白作底色层的方法。[1] 日本奈良时代的高松冢古坟壁画，采用在石灰地仗之上涂刷薄层铅白的工艺，因铅白比石灰更具耐水性，这种处理既起到一定的隔离作用，又有利于壁画的着色。底色层之上为颜料层，颜料层通常与胶结材料一起呈现出壁画的色彩效果。

二、板绘支撑体

板绘是绘制于木材支撑体上的绘画的总称。我国古代的建筑主要是以木结构为主，在木板表面施以彩绘既可起到装饰的效果，也可以保护木材免于外界的侵蚀。即便是在建筑外部，大型的宫殿建筑中仍可见木板彩绘的遗存。此外，古代佛教的兴盛带来了大规模的寺院营造，寺院的内阵、天井及外阵的化妆板都装饰有精美的彩绘。作为佛像收纳用的橱柜，其门扉上也不乏彩绘的装饰。但遗憾的是，大型板绘作品往往随着建筑的损毁而消失。由《历代名画记》所载两京地区众多的寺院可知，中国古代寺院建筑中的板绘作品应该是仅次于石窟壁画的大型绘画群。木板支撑体多就地取材，常见的有楠木、桧木、榉木、杉木、松木、樟木等。木板作为绘画支撑体的加工方法通常有两种：其一，在板的表面涂刷胶矾水形成隔离层，隔离层表面涂刷土质材料（黄土、白土）或胡粉形成底色层，再在其上进行着色作业；其二，在木板表面粘贴麻布后再涂漆作为隔离层，其上涂以白土作为底色后再进行彩色作业。关于木板支撑体的加工，日本江户时期画家土佐光起编撰的《本朝画法大传》中有简要的记载："首先，在木板上涂刷胶矾水，然后用浅黄色土涂布其上；用大胡粉（白垩土）涂绘出人物的形状，然后用墨线复勾。"[2]

1　练春海.汉代壁画的艺术考古研究 [M]. 北京：科学出版社，2022：206.
2　染谷香理.日本画画材関連史料翻刻集（江戸前期篇）[D].東京藝術大学大学院文化財保存学保存修復日本画研究室，2018：14.

三、织物支撑体

（一）织物支撑体的种类

织物作为绘画的支撑体主要有麻布、棉布、绢布等。在造纸技术普及之前，绢布是最重要的书写与绘画材料。古代文献中所谓的"生绢"，是指未完全去除胶质的绢布，去除胶质后则称为"熟绢"。将生绢变成熟绢的过程称为"精练"，精练方法分为两种，在绢丝状态下进行精练谓之"先练"，将绢丝织成绢布之后进行精练谓之"后练"。根据去除胶质的程度不同，精练可分为三分练、五分练、八分练等。精练通常以热水溶解胶质，还可以用草木灰等碱性物质进行低温精练。历史上，最早的绘画练绢方式是打绢。除绢布以外，麻布与棉布也是古代绘画常用的支撑体。麻布主要用于佛画的描绘，棉布主要用于藏传佛教唐卡的制作。麻布与棉布常被视为高价绢布的替代品，但通过对吐鲁番、敦煌流出的织物绘画的深入研究，这一固有观念被证实存在偏差，有待更正。

（二）织物支撑体加工技术的两大系统

1. 汉地系统

明代唐志契《绘事微言》记载："唐绢丝粗而厚，或有捣熟者，有独梭绢，阔四尺余者。五代绢极粗如布。宋有院绢，匀净厚密，亦有独梭，绢宽五尺余，细密如纸者。元绢及国朝内府绢，具与宋绢同。"[1] 由此可见，唐代至五代的画绢质地极为粗厚，是无法直接作画的，除了要捣熟外，还需要进行加工处理。有关唐代绢布基底的加工技术，北宋米芾《画史》记载："古画至唐初皆生绢，至吴生、周昉、韩幹，后来皆以热汤半熟，入粉捶如银板，故作人物精彩入笔。"[2] 正是由于宋代以前绢布质地粗厚，直接绘制难以勾画出细致的笔线，因此需要混入胡粉、石膏等填充物反复捶打使绢丝平扁后再入画，可见这是唐代与五代画绢常用的加工方法。五代贯休的《罗汉图》，其材质包含棉、苎麻及亚麻三种成分，

1　唐志契.绘事微言 [M].王伯敏，点校.北京：人民美术出版社，2016：31.
2　米芾.画史校注 [M].刘世军，黄三艳，校注.桂林：广西师范大学出版社，2020：142.

画布表面均匀涂有糊料，后经故宫博物院研究馆员杨新鉴定为蛤粉，其中掺杂有纤维。米芾记载"入粉捶如银板"的绢布加工技术是否受麻布、棉布支撑体加工技术的影响值得关注。自宋代开始有了匀净厚密的院绢，打绢工序已无须入粉，只需将打过的绢布绷上画框，均匀地涂刷胶矾液即可。同时，经纬线细密的绢布为从背后衬粉提供了可能，这种方法在院体画及宋元的佛画中被广泛应用。

2. 西域系统

入粉捶打是古代加工质地粗厚绢布的技法之一，麻布、棉布等质地更粗糙的支撑体则需要进行"基底处理"。传统作法是用石膏、白土加胶涂刷在画布表面，以填充经纬线之间的缝隙，这一方法在唐卡的制作工序中仍有迹可循。绘制唐卡通常选用上等印度棉布，将其边缘缝制牢固牵拉绷紧，固定在木框上，再以白垩土或陶土混合胶液涂刷画布正反面，最后用研光石打磨抛光，形成适合着色的布面。20世纪初叶，西方探险家从敦煌、吐鲁番地区窃走数量众多的佛画，除绢画以外，麻布画、棉布画占有相当大的比重（图1.1-8）。近年的研究显示，这批作品中的绢画存在两种绘制方式：一种是直接在生绢上作画而未经基底处理；另一种与麻布、棉布一样进行了基底处理，且这些作品具有明显的西域画风。通常而言，同一画工群体不会突然改变其熟悉的绘制技法，言下之意，吐鲁番绢画的绘制可能涉及技法迥异的两大画工群体：一是在绢布上直接作画的汉地画工；二是习惯了在麻布、棉布上作画的画工在使用绢布时，习惯性地将其熟悉的基底处理方法生硬地应用到绢布上。此外，在吐鲁番出土经基底处理的麻布画与棉布画一部分来自新疆库车地区，其年代为6—7世纪，并且在吐鲁番出土的8—9世纪纸本绘画中也存在相同的基底处理方法。通过对吐鲁番、敦煌出土的有基底处理的织物绘画的全盘考察可知：白色基底处理作为壁画制备工序的一环，在6—7世纪壁画创作极度兴盛的库车地区开始向织物绘画转移，接着这一技法在7—8世纪传入吐鲁番地区，并影响了该地区8—9世纪绢画与纸本绘画的创作，并进一步影响到9世纪后半叶敦煌地区的织物绘画创作。[1]

1　田先千春.トゥルフアン・敦煌仏教絵画の基底材について[J].小林フェローシップ2009年度研究助成論文，2009：14.

图 1.1–8　新疆地区出土的
经过基底处理的织物绘画

　　壁画基底处理技术在麻布、棉布、绢布、纸本绘画上先后运用的现象，说明
了麻布与棉布并非单纯作为绢布的替代品，而是不同画工群体带来新的绘画支撑
体及其加工技术的结果。或许，回顾"唐卡"一词的本义更有助于理解织物绘画
基底处理的意义。在佛教壁画中，作为因缘佛传故事计量单位的"铺"（pat），
其本义为"布（上的图画）"。藏传佛教里相当于"pat"的词是"rasbris"或"rasrimo"
（棉布上的图案），即"唐卡"的意思。在汉译过程中，梵文中的名词"pat"（铺）
变成了计量单位。[1] 因此，唐卡本质上是一块移动的壁画，其基底处理延续着壁

1　梅维恒. 绘画与表演：中国的看图讲故事和它的印度起源 [M]. 王邦维，荣新江，钱文忠，译. 北京：
　　北京燕山出版社，2000：29-30.

画的绘制技法，而这一方法在吐鲁番地区绢画上的运用更凸显了不同绘画载体间的传承关系。

四、纸本支撑体

（一）古代纸的原料

《后汉书》记载造纸术由蔡伦发明，但从国内出土的纸文物来看，纸张的开发、利用在西汉时期就已存在并开始用于地图的绘制。最早的植物纤维纸是西安灞桥地区古墓中出土的灞桥纸，其原料主要为大麻纤维及少量的苎麻。该纸出土于汉武帝时期，因此推测其制作年代不晚于公元前118年。其他从西汉时期遗址中出土的古代纸的原料也都以麻类为主。麻类作为纸张原料的加工过程较为复杂：先要将其堆积、加水发酵后再反复精练，使韧皮与木部分离，再将之反复捶打至碎烂后才能作为造纸的纤维原料。相较之下，楮皮可以直接取自新鲜的楮树。由于麻是中国最早的织布原料，多用于绳索、鞋履、布匹等制造，破旧麻制品要进行漂白再加工后才能用于造纸。《后汉书》记载蔡伦造纸所用的树皮、麻头、破布、渔网，除树皮外其他都是麻制品，而树皮指的是构皮或楮皮等木本植物的韧皮。由此可见，我国古代麻纸及楮纸的发展，与麻布织造技术及楮皮纤维作为织布材料的纺织技术密切相关。

唐代的造纸原料除麻以外还有构树、桑树、木芙蓉、青檀等树皮，且纸的用途呈现多样化的趋势。据北宋苏易简《文房四谱》记载，麻纸的主要产地在四川，唐代中期开始使用竹子作为造纸原料，但一开始竹纸易破，不适于文书撰写之用，后来通过技术改进，从宋代开始，竹子成为重要的造纸原料，活字印刷术的发明推动了造纸技术进一步成熟。唐代以前，造纸原料主要为麻、构树、桑树、藤等木本植物茎部的韧皮。宋元时期，以竹子、麦、稻草茎秆为原料的纸张生产开始发展起来。由于用纸需求增长，对于造纸原料的供给提出了新的要求，竹子因具有更多的造纸有效部位而被广泛使用，南方富足的竹子产量为这一时期的造纸提供了源源不断的原料。明清时期是中国造纸技术的集大成期，纸的产量、产地都较前代有所增加，纸的品质显著提升。造纸原料有竹子、树皮、麻、稻、麦等，

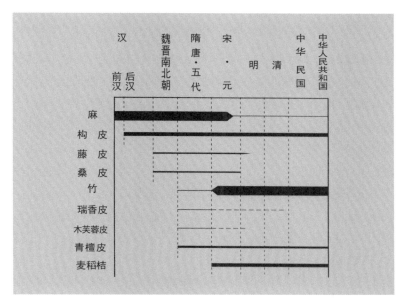

图 1.1-9　中国纸原料的演变，引自『和紙の源流—東洋手すき紙の多彩な伝統』

其中竹纸的产量位居首位。江西、福建所产的连史纸与毛边纸最为普及，主要用于各种图书的印刷，而树皮纸多用于书画创作，尤其是以青檀皮为原料的宣纸最受书画家欢迎。同时，麻纸的生产逐渐式微（图 1.1-9）。

（二）绘画用纸及其加工技术

　　古代小幅麻纸因质地粗糙不适于绘画创作而更多采用绢布，唐代通过改进技术开始生产尺幅更大、质地光滑的麻纸。现藏于故宫博物院的唐代韩滉的《五牛图》使用的是纤维细腻、纸面光滑的黄麻纸，而 1969 年新疆阿斯塔那唐墓出土的花鸟画使用的是质地厚实的白麻纸，其中一些麻纸中加入白粉进行了基底处理。宋代以后，随着造纸术的革新，竹子成为主要造纸原料，而树皮纸因制造技术的改良，产量也得以提高，加之衣料生产原料从麻转向木棉，使得麻纸的生产急剧衰退，楮皮纸与桑皮纸的产量及品质都较唐代有大幅度提升。皮纸不只用于文书、刻本，因质地光滑更多地被用于绘画创作。如上所述，韩滉的《五牛图》使用的是麻纸，宋元时期随着写意与工笔画的盛行，绘画颜料对纸张品质提出了更高要求，因此优质的树皮纸受到画家的青睐。宋代以降，苏轼的《三马图赞》、黄公望的《溪山雨意图》、李建中的《贵宅帖》、法常的《水墨写生图》、赵佶的《夏日诗帖》、李衎的《墨竹图》、赵孟頫的《人骑图》、朱德润的《秀野轩图》、张逊的《双钩竹石图》，都是使用树皮纸绘制而成的。[1]虽然米芾的《韩马帖》使用的是麻纸，但宋元时期几乎很难见到用麻纸的书画作品。除刻本用纸外，写本用纸通常需要再加工。唐代中书省、崇文馆等机构设置有装潢匠与熟纸匠。熟纸是指对抄漉出来、未经处理的生纸进行加工，使之适合文字书写与书画创作的纸张。打纸是古代熟纸常用的方法，通过捶打压缩纸张厚度，增加其密度以防止水墨与颜料产生晕化。宋元时期，熟纸方法主要通过在胶液中溶解明矾，再将胶矾液涂刷在纸张表面形成光滑膜层来阻止颜料与墨水迅速渗透，为线描与彩色作业提供理想的界面。

　　支撑体性质决定了绘画材料与技法特征，壁画作为古代体量最大的绘画群，其彩色技法的成熟影响着其他绘画种类的表现技法，吐鲁番及敦煌藏经洞出土的织物绘画支撑体的加工技术与色彩构造同壁画一致。宋元以后，随着纸、绢工笔画表现技法的发达，反过来影响着壁画的表现语言，出现了试图在墙壁上呈现纸绢绘画细腻质感的表现技法，尤其是人物面部的晕染与刻画，伴随"三矾九染"的过度描写，因胶矾液在支撑体表面不均匀地分布致使壁体表面产生龟裂。因此，使用胶矾液加工支撑体的方法对于绘画构造的全体而言，其安全性值得置疑。

1　久米康生.和紙の源流—東洋手すき紙の多彩な伝統[M].岩波書店，2004：61.

第二节 古代绘画的彩色材料

东方古代绘画的色彩呈现，是支撑体与彩色材料共同演绎的结果。技法的复杂性自不必说，其原材料的范畴从动物到植物、从有机到无机、从天然到人造，色彩表现匠心独运、异彩纷呈（图1.2-1）。古代绘画的彩色材料可分为颜料与染料两大系统，颜料不溶于水，需要依靠胶结材料附着于画面；染料具有可溶性，染液分子与纤维相互渗透形成化学键。颜料包括天然矿物质颜料和将金属热加工而成的合成颜料，按化学性质这些属于无机颜料。此外，还可以从植物中提取色素使之与石灰或胡粉结合形成色淀有机颜料。大部分从动植物中提取的色素主要作为染料使用，染料可分为植物性与动物性两类。虽然古代有用矿物色染色的行为，但其材料性质仍属颜料。除此之外，金属也是古代绘画常用的彩色材料，常

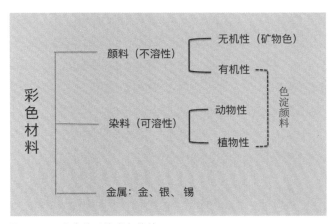

图1.2-1 古代绘画的彩色材料

见的金属材料有金、银、锡等。使用颜料及金属材料作画时，使其附着于画面的胶结材料是重要的媒介剂，因胶结材料不同形成了各种绘制技法与画种区分。例如，利用石灰与二氧化碳产生化学反应形成湿壁画技法，使用水溶性阿拉伯胶为媒介剂的水彩画技法，使用鸡蛋、酪素等蛋白质材料的坦培拉技法，利用干性油与空气接触而产生氧化的油彩画技法等，甚至在以生宣纸为支撑体的水墨画中，墨的附着依然离不开胶。东方古代色彩绘画以矿物质与动植物颜料为主，以动物胶为媒介剂在黏土墙壁、木板、织物上进行着色，广义上也属于坦培拉的技法范畴。

一、颜料

（一）胡粉・蛤粉

胡粉与蛤粉是古代绘画常用的两种白色颜料。古代胡粉分两种：一为米碾碎后的粉末；二为铅经热加工而得到的铅白。二者均可作为日用化妆品，后因铅白"搽妇人颊，能使本色转青"而不被采用。由于古代东亚地区的胡粉原料经历了从铅白到贝壳的转变，为方便叙述，以下将胡粉作铅白胡粉与贝壳胡粉区分。铅白胡粉作为绘画材料的记载始见于《汉官典职仪式选用》："尚书奏事于明光殿，省中画古烈士，重行书赞。省中皆以胡粉涂壁，紫素界之，画古烈士。"[1] 由此可知，东汉时期铅白胡粉已用作殿堂壁画的底色。《本草纲目》"集解"项记载："按墨子云：禹造粉。张华博物志云：纣烧铅锡作粉。则粉之来亦远矣。今金陵，杭州，韶州，辰州皆造之。"[2]《魏书》《广舆记》《五代史记注》分别记载了古代铅白胡粉的产地有龟兹（今新疆库车一带）、亦力把里（今新疆伊宁附近）、桂林、永定（今河南安阳），可见铅白胡粉的制造历史悠久且产地分布广阔，中国古代不同时期的壁画与纸绢绘画中均有铅白胡粉析出。

日本在奈良时代还不能制造铅白胡粉，须从唐朝进口，正仓院文书中记载的"唐胡粉"即铅白胡粉。与之相对的"倭胡粉"是一种用以代替铅白的氯化铅化

---

1 蔡质.汉官典职仪式选用一卷 [M]// 孙星衍，等.汉官六种.北京：中华书局，1990：204.

2 李时珍.本草纲目（校点本第一册）[M].北京：人民卫生出版社，1975：474.

合物，"倭胡粉"一般不直接使用，而是与胭脂、靛蓝等有机染料混合成淡红、淡蓝色使用。[1] 日本从古坟时代到室町时代所用的白色颜料主要为铅白胡粉，室町时代以后贝壳胡粉逐渐替代铅白胡粉并一直沿用至今，这一变化在日本美术史上一直是个谜。从铅白胡粉向贝壳胡粉转变的 15 世纪前后，日本的建筑样式从"寝殿造"转变为"书院造"，"书院造"以隔扇分割内部空间，由此带来了隔扇画的飞跃发展。隔扇画与挂轴和手卷的不同之处在于它无须卷曲收纳，即便使用颜料厚涂或贝壳胡粉堆高的绘制技法，也不用担心颜料剥落的问题，或许这是贝壳胡粉取代铅白胡粉的原因之一。古代铅白胡粉价格昂贵，用贝壳代替铅白或许也有经济上的考量。有关铅白胡粉的制造方法在《天工开物》第十四卷"五金"项有详细记载，在此不作赘述。

蛤粉作为绘画颜料的文献记载极少，清代《芥舟学画编》记载："古者用蛤粉，今制法不传，不如竟用铅粉。"[2] 可见蛤粉制法在乾隆年间已经失传。在《本草纲目》《天工开物》中蛤粉是制造胡粉的原料之一，但《天工开物》提及"有误以蚬灰（即蛤粉）为蛎灰者，不格物之故也"[3]。由此可知，明代崇祯年间就已经出现了将蛤蜊灰（蛤粉）与牡蛎灰混淆的现象，推测蛤粉的制法在此之后逐渐被遗忘。康熙十八年（1679）的《芥子园画传》初集、江户时期的《本朝画法大传》等著作都记载了煅烧蛤蚌壳制造蛤粉的方法，应该是未经实证的推测，此后至近现代的诸多技法书也都未经考证地引用了这些记载。[4] 同期著作《传神秘要》记载蛤粉制法为"先将壳上一层皮去净，研极细用之"，并未提及煅烧蛤蚌壳，也侧面说明了其他文献所记载的煅烧方法缺乏实证依据。此外，古代印度文献《心灵之光》（Mānasollasā）、《工巧宝》（Silparatna）也记载了白色颜料主要有黏土、高岭土及石灰（sudha），石灰是由被煅烧的海螺壳、牡蛎壳或其他贝壳制成，

1　中国艺术研究院美术研究所 .2018 中国传统色彩学术年会论文集 [C]. 北京：文化艺术出版社，2018：272.
2　沈宗骞 . 芥舟学画编 [M]. 田结莊斎治，校訂 . 东京：東京図書館 .
3　宋应星 . 天工开物 [M]. 北京：中华书局，2021：307.
4　郝玉墨 . 近代日本画の美人画における胡粉を活かした賦彩表現—鏑木清方筆"妓女像"の想定復元模写を通して [D]. 東京芸術大学博士論文，2020：122.

它们是白色颜料的主要来源。由此可见，煅烧贝壳成灰作为石灰使用，这一点古今中外文献略同。那么，蛤粉作为古代珍贵的绘画颜料如何使用，其制法又为何失传了呢？北宋米芾《画史》记载："墨称螺，制必如蛤粉，此又明用凹砚也。"[1]之所以将螺墨与蛤粉制法相提并论，是因为魏晋以前使用的墨为漆烟与松煤夹杂的石墨丸子，当时"螺"是石墨的计量单位。魏晋以降，松烟墨取代石墨，墨称螺的说法应是北宋文人对上古知识的回忆而已。古墨质地松软，使用凹砚与其说是为了研磨，倒不如说仅是为了存储溶解于水的墨粉罢了。古墨松软不坚，甚至可以用手指研磨而无需砚面，正如米芾在《砚史》中称"古墨称螺，亦恐不若近世坚，不然殆不可磨也"。由此可见，古代蛤粉的使用方法与螺墨一样也是做成丸子状，这与现在日本贝壳胡粉的使用方法颇为相似。室町时代以后，日本贝壳胡粉逐渐取代铅白胡粉，而恰好在这一时期，中国的蛤粉制法中断并失传，这期间是否因商品贸易往来而造成国内蛤粉制造的废弃值得关注。

由于铅白胡粉易变色而蛤粉不易变色的固有观念，很多美术人士仅凭画作中白色颜料变色与否来判断是铅白还是蛤粉，这是缺乏科学依据的。铅白变色与作品所处环境及保存状态有关，一些绢本画作因保护得当即便使用铅白也未见明显变色。现藏于东京国立博物馆的南宋李迪《红白芙蓉图》，花卉部分的白色即铅白，至今依然色泽如初。17世纪，江户时期的日本绘画已不再使用铅白而全部使用贝壳胡粉，但琉球地区的绘画在17世纪以后仍然保持着使用铅白胡粉的传统，这是因为当时琉球是清朝的朝贡国，其绘画材料与技法均受到了福建地区的影响。

（二）朱砂·银朱·铅丹·赭石

古代绘画使用的红色系无机颜料主要有朱砂、银朱、铅丹、赭石。

朱砂原名丹砂，苏颂曰丹砂"出辰州、宜州、阶州，而辰砂为最"[2]。因湖南沅陵的辰州产物品质为上等，故而取其原产地名称为"辰砂"（图1.2-2）。据考古分析，浙江余姚河姆渡文化遗址出土距今约6000年的红色涂漆木碗，其

1　米芾.画史校注 [M].刘世军，黄三艳，校注.桂林：广西师范大学出版社，2020：118.

2　李时珍.本草纲目（校点本第一册）[M].北京：人民卫生出版社，1975：518.

红色是用生漆调和朱砂而成，[1] 这是迄今为止发现最早使用朱砂作为彩色材料的实物例证。秦汉时期，朱砂的使用更加广泛，秦俑彩绘中的红色颜料便已采用朱砂作为原料。[2] 马王堆一号墓出土帛画、西汉柿园汉墓出土壁画，其红色颜料中均有朱砂析出。根据李最雄先生的研究，莫高窟壁画中魏晋时期的红色颜料主要为土红，极少量为朱砂。朱砂的大量使用主要集中在隋唐时期，从晚唐开始朱砂的使用频次明显降低。[3]

银朱是将次等朱砂矿石冶炼升华为汞，再把汞和硫黄加热变成硫化汞而生成的红色颜料。根据混合的比例或温度的调节等变化可产生赤口朱、黄口朱等各种色调。银朱始载于《本草纲目》："昔人谓水银出于丹砂，熔化还复为朱者，即此也。名亦由此。"[4] 可见银朱是古代的人工合成颜料。考古资料显示，西汉阳陵彩绘陶俑使用的红色颜料为银朱。关于古代银朱的制法，李时珍引胡演《丹药秘诀》曰："升炼银朱，用石亭脂二斤，新锅内熔化，次下水银一斤，炒作青砂头，炒不见星。研末罐盛，石版盖住，铁线缚定，盐泥固济，大火煅之。待冷取出，贴罐者为银朱，贴口者为丹砂。"[5]

铅丹为橘红色粉末，《本草纲目》"释名"项又称黄丹、丹粉、朱粉、铅华（图 1.2-3）。铅丹与密陀僧都是加工铅白的副产物，同属人工合成颜料。李亚东曾对秦俑坑中出土的陶俑上的红色颜料进行鉴定，判断其中含有铅丹，说明我国大约在先秦时期就已掌握铅丹制法并作颜料使用。3 世纪，中亚地区的壁画中铅丹的使用已非常普遍，通常与白色调合以表现人物肤色。印度《画经》《工巧宝》记载铅丹可作为绘画材料使用。关于铅丹的制法，《天工开物》记载："凡炒铅丹，用铅一斤、土硫黄十两、硝石一两。熔铅成汁，下醋点之。滚沸时，下硫一块；少顷，入硝少许；沸定，再点醋；依前渐下硝、黄。待为末，则成丹矣。

1　浙江省文物管理委员会，浙江省博物馆 . 河姆渡遗址第一期发掘报告 [J]. 考古学报，1978（1）：39.
2　李亚东 . 秦俑彩绘颜料及秦代颜料史考 [J]. 考古与文物，1983（3）：62.
3　李最雄 . 敦煌莫高窟唐代绘画颜料分析研究 [J]. 敦煌研究，2002（4）：11-18.
4　李时珍 . 本草纲目（校点本第一册）[M]. 北京：人民卫生出版社，1975：533.
5　李时珍 . 本草纲目（校点本第一册）[M]. 北京：人民卫生出版社，1975：477.

图 1.2-2 朱砂　　　　　　　　　　　　**图 1.2-3** 铅丹　　　　**图 1.2-4** 赭石

其胡粉残剩者，用硝石、矾石炒成丹，不复用错（醋）也。"[1]

赭石为天然矿物土质颜料，《芥子园画传》记载了赭石的加工方法："先将赭石拣其质坚而其色丽者为妙，有一种硬如铁与烂如泥者，皆不入选。以小沙盆水研细如泥，投以极清胶水，宽宽飞之。亦取上层，底下所澄，粗而色惨者弃之。"[2]赭的主要成分是氧化铁，山西代州所产的赭土品质特别优良，得名岱赭。此外，日本正仓院文书有关帛画和板绘的材料中有紫土的记载，制造时用到猪油、胡麻油等材料，也属赤铁矿类的赭石颜料（图 1.2-4）。

（三）青金石·石青

古代绘画的蓝色矿物颜料主要有青金石和石青。青金石是一种非常古老的绘画材料（图 1.2-5），青金石矿稀有，世界上仅阿富汗、俄罗斯等少数几个国家或地区有此矿产，其名称与产地的记载见于《大唐西域记》："屈浪拿国，睹货逻国故地也，周二千余里。……俗无法度，人性鄙暴，多不营福，少言佛法。其貌丑弊，多服毡褐。有山岩中多出金精，琢析其石，然后得之。"[3]"屈浪拿国"是指今天阿富汗东北境科克查河上游，"金精"指的就是青金石。除"金精"以外，青金石在古代文献中还有"金青""大青""佛青"等称谓。[4]在中亚地区

1　宋应星.天工开物 [M].北京：中华书局，2021：399.
2　上海书店出版社.芥子园画谱 [M].上海：上海书店出版社，1982：23.
3　玄奘，辩机.大唐西域记校注 [M].季羡林，等校注.北京：中华书局，2000：973.
4　中国艺术研究院美术研究所.2019 中国传统色彩学术年会论文集 [C].北京：文化艺术出版社，2019：341-356.

图 1.2-5 青金石 　　　　　　　　　**图 1.2-6** 石青

的石窟壁画中，青金石的使用非常普遍，敦煌莫高窟从北魏至元代的彩绘颜料中均有青金石析出。

石青原石为蓝铜矿，化学名为碱式碳酸铜（图 1.2-6）。"石青"作为传统颜料之名出现的时间最晚，经历了从曾青、空青到石青的演变过程。[1] 唐代以前，石青中色浅者被称为白青、碧青，色浓者称大青。唐宋以后，根据彩度或粗细程度，石青被分为大青、二青、三青。作为传统绘画颜料，石青早在秦代便已应用于宫殿绘画创作，秦都咸阳宫殿建筑遗址中有大批壁画，其彩色材料中就有石青、石绿等颜料。另外，秦俑彩绘的颜色有近二十种，其中蓝色颜料也包含石青。[2] 据科学分析，国内几大石窟如敦煌莫高窟、天水麦积山石窟、炳灵寺石窟、云冈石窟等的壁画及彩塑中的蓝色颜料主要以石青为主。

（四）绿盐·铜绿·铜青·石绿

古代绘画常用的绿色无机颜料有绿盐与石绿，绿盐既有天然矿产也可人工合成。唐代苏敬《新修本草》记载："绿盐出焉耆国，水中石下取之，状若扁青、空青，为眼药之要。今人以光明盐、硇砂、赤铜屑，酿之为块，绿色，以充之。"五代李珣《海药本草》记载："绿盐，出波斯国，生石上，舶上将来谓之石绿，装色久而不变。中国以铜、醋造者，不堪入药，色也不久。"[3] 苏敬与李珣分别

1　中国艺术研究院美术研究所 .2023 中国传统色彩学术年会论文集 [C]. 北京：文化艺术出版社，2023：126-139.

2　文物出版社 . 新中国考古五十年 [M]. 北京：文物出版社，1999：432.

3　李时珍 . 本草纲目（校点本第一册）[M]. 北京：人民卫生出版社，1975：642.

指出了天然绿盐矿的出处与人工合成的方法，但李珣指出用铜、醋制造的绿盐颜色不能长久，因此无法作为颜料使用。而苏敬使用光明盐与硇砂合成的绿盐可充当天然绿盐，未提及色久与否。李时珍《本草纲目》记载："方家言波斯绿盐色青，阴雨中干而不湿者为真。又造盐绿法：用熟铜器盛取浆水一升，投青盐一两在内，浸七日取出，即绿色。以物刮末，入浆水再浸一七或二七取出。此非真绿盐也。"[1]李时珍是否亲自参与人造绿盐的制作，我们不得而知，但他与苏敬所记载的天然绿盐色相都偏青，人工制法一致，且所用光明盐（君王盐）与青盐（戎盐）都是西域物产。同时，两人均未提及绿盐色久与否的问题。

《本草纲目》"释名"项将铜青释为铜绿，各朝文献中介绍铜青的人工制法配方基本以铜和醋为主，另有硇砂、白矾。王进玉认为古代将铜青与铜绿相混淆，笔者认同此观点。用盐水使铜生锈制造的绿色是碱式氯化铜，用醋使铜生锈制造的绿色为碱式醋酸铜，古人将二者都称为铜绿（或铜青）。在吐鲁番与敦煌遗书中记载的铜绿应该是天然绿盐，因其原矿石稀少而价格高于石绿。采用食盐与铜合成的绿盐相当于铜绿，因其外观与铜青相似而被混称。2017 年，笔者曾将铜丝浸泡于盐水中七日合成绿色颜料，色相偏青，外观接近细颗粒石绿，至今尚未变色（图 1.2-7），与苏敬及李时珍所言及的人造绿盐较为一致。铜绿在古代壁画中的用量非常大，根据王进玉的统计，整个莫高窟的石绿和铜绿的实际使用比例应接近 1 ：4。[2] 铜绿是龟兹石窟壁画中唯一使用的绿色颜料。[3] 由于天然绿盐矿稀有，龟兹石窟艺术中的绿色应该为人造绿盐。古罗马作家老普林尼（Pliny the Elder，23—79 年）撰写的《自然史》百科全书中，介绍了将海水引入铜矿制造绿色颜料的方法，[4] 参照苏敬与李时珍用食盐与赤铜屑的人工制法，再结合笔者的实践结果，或许对于了解龟兹地区绿色颜料的生产具有参考意义。

石绿的原石是孔雀石，自古以来多用于壁画及纸绢绘画的绘制（图 1.2-8）。日本正仓院文书所列颜料清单中石绿写作"绿青"，应为唐代的称谓之一，颗粒

1　李时珍 . 本草纲目（校点本第一册）[M]. 北京：人民卫生出版社，1975：643.
2　王进玉，王进聪 . 敦煌石窟铜绿颜料的应用与来源 [J]. 敦煌研究，2002（4）：23-27.
3　苏伯民，李最雄，马赞峰，等 . 克孜尔石窟壁画颜料研究 [J]. 敦煌研究，2000（1）：65-75.
4　プリニウス . プリニウスの博物誌 [M]. 中野定雄，中野里美，中野美代，等訳 . 東京：雄山閣，1986.

图 1.2-7　铜绿　　　　　　　　　图 1.2-8　石绿

细的称白绿。通过科学分析可知，秦俑彩绘的绿色颜料中包含石绿，西汉时期的柿园汉墓壁画上的绿色颜料亦为石绿。

（五）雄黄·雌黄·密陀僧

雄黄与雌黄常被混淆，是因为在自然界中雄黄与雌黄相伴而生，且性状比较相似。《本草纲目》"释名"项记载雄黄有"黄金石""石黄""熏黄"等别称。同书"集解"项记载："雄黄生武都山谷、敦煌山之阳，采无时。"[1] 古代雄黄作为颜料使用的记载极少，但在四川省成都市新都区马家公社战国墓椁板上的橙色颜料包含雄黄。雄黄加工成颜料呈橘红色，颗粒难溶于胶水，需要研磨到极细才可以用。《芥子园画传》记载："雄黄，拣上号通明鸡冠黄研细，水飞之法与朱砂同。用画黄叶与人衣，但金上忌用。金笺着雄黄，数月后即烧成惨色矣。"[2] 又如清代邹一桂《小山画谱》记载："雄黄、雌黄，以胶水磨用亦可，若欲多用，亦须淘定。凡石色俱不可搀和用，而雄黄气猛烈，触粉即变，尤宜慎之。"[3] 从上述文献可知，雄黄作为颜料与石青、石绿的制造方式不尽相同，因雄黄硬度小且质量轻，容易漂浮于胶液之上，要尽可能研细再兑胶使用（图 1.2-9）。雄黄主含二硫化二砷，雌黄主含三硫化二砷，二者都是含砷的硫化物，与含金属类颜料如铅白等混合时会引起变色。印度著作《工巧宝》将雄黄列为红色颜料，并详细介绍了其制法：将雄黄矿石用石磨磨成粉末后在水中保存五天，然后再揉成糊

1　李时珍 . 本草纲目（校点本第一册）[M]. 北京：人民卫生出版社，1975：534.

2　穆云秋 . 芥子园画传译注 [M]. 西安：陕西人民美术出版社，1999：51.

3　邹一桂 . 小山画谱：卷上 [M]. 花农氏藏本 .

图 1.2-9 雄黄　　　　　　　　　　　**图 1.2-10** 雌黄

状，使其黏合一天后，将之收集在容器中，加入一定比例的宁巴胶（nimba）混合后作为绘画颜料使用。

雌黄又名石黄，古人常将其与雄黄混称为"鸡冠石"。雌黄加工成颜料后色相呈金黄或柠檬黄色，亮度较高且富有光泽（图 1.2-10）。在古代雌黄有被用作建筑涂料的记载，范成大《吴郡志》记载："春申君子假君之殿也。后太守居之，以数失火，涂以雌黄，遂名黄堂。"雌黄作为绘画颜料的记载较少，《历代名画记》中"林邑、昆仑之黄"即为雌黄，并指出雌黄忌与胡粉同用。雌黄作为颜料的实物例证可以追溯至西周，陕西宝鸡西周墓出土的丝织物上所附着的黄色颜料经鉴定为雌黄。秦俑的彩绘、新疆克孜尔壁画、唐代墓室壁画、敦煌出土绢画等绘画遗存中均有雌黄析出。另外，印度古典文献《画经》《心灵之光》《工巧宝》等著作中也记载了雌黄作为颜料的用途及其制造方法。

密陀僧的主要化学成分是一氧化铅（图 1.2-11）。东方学者对中国和伊朗的词语进行比较研究，认为"密陀僧"这个名称的出现是在唐代之后，密陀僧（mirdäsang）、没多僧（murdäsang）等称谓源自波斯语。《新修本草》记载密陀僧"形似黄龙齿而坚重……出波斯国，名没多僧，并胡言也"。实际上，中国古代对密陀僧的生产实践早有记载。据《本草纲目》"集解"记载："何孟春《余冬录》云：嵩阳产铅，居民多造胡粉。其法：铅块悬酒缸内，封闭四十九刁，开之则化为粉矣。化不白者，炒为黄丹。黄丹滓为密陀僧。三物收利甚博。"[1] 由

1　李时珍. 本草纲目（校点本第一册）[M]. 北京：人民卫生出版社，1975：474.

图 1.2-11 密陀僧　　　**图 1.2-12** 青黛

此可见，铅丹与密陀僧都是制造铅白时产生的副产物。王冬松认为，隋代以前，密陀僧与铅丹曾共用"黄丹"之名，后为了避免混淆，改用"密陀僧"专指一氧化铅。[1] 在新疆克孜尔第 69 窟，敦煌第 268 窟、272 窟、205 窟壁画颜料中均检测出一氧化铅。克孜尔第 69 窟的壁画上，至今仍留存着肉眼可见的黄色密陀僧。

（六）青黛

植物靛蓝是不溶于水的有机化合物，具备制作色淀颜料的性质。用作绘画颜料的青黛，是在制作靛蓝过程中加入石灰搅拌后，产生浮沫而阴干的沉淀物。从其别称"青蛤粉"可知青黛为粉末状物质（图 1.2-12），使用时需要兑胶使其固定在画面上。《本草纲目》记载"青黛从波斯国来"，并言"波斯青黛，亦是外国蓝靛花。既不可得，则中国靛花亦可用"。而靛花的形成见《本草纲目》蓝淀制法："以蓝浸水一宿，入石灰搅至千下，澄去水，则青黑色。亦可干收，用染青碧。其搅起浮沫，掠出阴干，谓之靛花，即青黛。"[2] 除了浮于水面的靛花，淀入水底的靛泥也可用于制青黛，但品质欠佳，不符合绘画颜料的标准。日本正仓院文书《造寺杂物请用帐》记载法华寺金堂修造的颜料清单中就有青黛，是奈良时期壁画与木板彩绘的颜料之一，但天平胜宝四年（752）的绢画颜料清单中却不见青黛，或许当时的青黛为粗制粉末，只能作为木板彩绘的底色涂绘，不适用于细腻的绢画绘制。由此可见，《大智度论》《法苑珠林》等记载"青黛涂壁"

1　王冬松，王红梅．唐代敦煌艺术中的黄色颜料考 [J]．美术大观，2015（2）62-63．
2　李时珍．本草纲目（校点本第二册）[M]．北京：人民卫生出版社，1975：1088．

应该是粗制的靛青粉末加胶，用于大面积的粉壁涂绘。印度古代著作《毗湿奴法上往世书》《画经》中已有关于靛蓝颜料的记载。

二、染料

天然矿石与人工合成的颜料属无机颜料，除此之外，从动植物中提取色素加工而成的有机染料，自古也是绘画彩色材料的重要组成部分。从古代壁画的遗存来看，矿物颜料的保存状态比动植物染料要好得多，由此也造成了壁画是以矿物颜料绘制而成的片面印象。实际上，古代不论壁画还是纸绢材质的画作，有机染料的使用也相当普遍。古代绘画使用的有机染料有花青、胭脂、藤黄等。

（一）花青

将青黛粉末进一步加工，去除其中石灰体质至适当的比例，尽可能多地保留蓝靛的染料特征，便可制成花青。《芥子园画传》《绘事琐言》《芥舟学画编》记载了制作花青的"乳钵法""手泥法"，其过程非常复杂，若想详细了解可参阅杨建军的《植物靛蓝颜料与实践研究札记》[1]，在此不作赘述。笔者认为，花青制作应该是明清时期才兴起的，随着水墨写意的纸绢材质绘画盛行，为契合水墨设色对青色系水性颜料物理特性的要求，人们对颜料进行了改良。花青被制成膏状，兑水即可使用，正是为了与水墨设色相适应。

（二）胭脂

《本草纲目》"集解"项列举了红蓝花、山胭脂花、山石榴花、紫矿四种胭脂。红蓝花胭脂于公元前 2 世纪左右从西域传入中原，通过提取红蓝花色素染胡粉；5 世纪以前主要作为贵族的化妆品，是否用于绘画领域不得而知。7 世纪左右，紫矿成为制造胭脂的原材料。紫矿又名紫梗、赤胶，是紫胶虫在树干上分泌的一

---

1 中国艺术研究院美术研究所 .2020 中国传统色彩学术年会论文集 [C]. 北京：文化艺术出版社，2020：283-297.

种干燥的胶质物，由紫矿色素浸染圆形的薄绵而制成绵胭脂（图 1.2-13）。唐代王焘辑录《外台秘要方》所记载的"崔氏造燕脂法"，详细介绍了紫矿胭脂的制法。崔氏即崔知悌（约 615—685），生于隋代，唐高宗时官至户部尚书，同时也是著名的医学家，所著《崔氏纂要方》的内容多被采入《外台秘要方》。由此可见，初唐时期便已能够制造紫矿胭脂，其形状、大小如同番饼。日本奈良时代正仓院文书中将胭脂写作"烟子""烟紫"，其计量单位为"枚"，并有"中烟子""烟子"之分，可知当时的绵胭脂呈大小不一的圆饼状。从奈良时代到近代，日本的绵胭脂多数从中国进口。结合《历代名画记》所记载的"南海之蚁矿紫矿也。造粉，燕脂，吴绿谓之赤胶也"，可知紫矿也可制成胭脂粉末，在西晋张勃撰写的《吴录》中被称为赤胶。由其他原料如山胭脂花、山石榴花等制造的胭脂，应该是用作化妆品及食品的染色材料。

　　除《本草纲目》所列四种胭脂外，日本江户时期的诸多技法书还记载了不同的胭脂制法。《本朝画法大传》（1690）在"画具制法并染法极秘传"项，记载了"燕脂"与"生燕脂"。胭脂制法是"将（苏）木煮完的汁液与蛤粉混合制成，为异国传来，又名紫，需加胶与水调和使用，又名调脂"。关于生胭脂，"一名绵燕脂，是调脂的误传，自唐传来，是将燕脂山荜草汁沸腾过滤后，日晒或烘干的沉淀"[1]。《本朝画史》（1691）"绘具题名"项记载："绵胭脂俗云生胭脂，自唐土来物。"并介绍其用法："用水浸，指绞之，盖以火温之，渐渐出于色，不加胶。"胭脂则解释为："俗云燕支，极紫色也，本苏枋木也取，入明矾煎，坚之终出紫，色浓也，尤可加胡粉，于是其形如墨用之。"[2] 相传《本朝画史》是土佐家传秘籍《本朝画法大传》外泄的产物，但在"生燕脂"的解释上二者大相径庭。不过，关于"苏方木造胭脂法"，二者都认为源自异国。追溯历史可知，日本奈良时期正仓院文书的颜料清单中已有"苏芳卞"，"卞"字虽含义不明，但从字形上推测应为沉淀于"下"的粉末。在古代，苏方被用作染料，加入明矾静置沉淀，待其呈

1　染谷香理. 日本画画材関連史料翻刻集（江戸前期篇）[D]. 東京藝術大学大学院文化財保存学保存修復日本画研究室，2018：39.
2　染谷香理. 日本画画材関連史料翻刻集（江戸前期篇）[D]. 東京藝術大学大学院文化財保存学保存修復日本画研究室，2018：73.

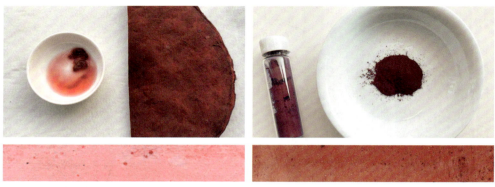

图 **1.2-13** 绵胭脂　　　　　　　　图 **1.2-14** 苏方

现膏状后加入胶可制成苏方膏；也可加入粉，晒干后研成粉末，即成苏方粉（图 1.2-14）。

自古以来，胭脂作为色名、化妆品、染料及药材，有关其制法与用途的文献记载繁多，以致在传播过程中产生混乱。16 世纪以后出现的美洲物产胭脂虫，19 世纪后半叶问世的合成染料，让胭脂作为彩色材料在绘画中的应用情况变得更加复杂难辨。科学分析表明，新疆克孜尔第 244 窟壁画中所使用的红色有机颜料就是紫矿胭脂，其原形呈膏状；印度阿旃陀石窟壁画的红色颜料中，同样检测出紫矿胭脂的成分。结合印度《画经》中所描述的红色颜料如"赤睡莲般美丽的暗红色"，可以推测，紫矿胭脂最早或许是从印度传入中国西域一带，并被广泛使用。敦煌西魏第 285 窟壁画中检测出红色有机颜料，但具体成分未明；美国哈佛大学福格艺术博物馆对该馆所藏的敦煌壁画进行取样分析，检测出有机颜料红蓝花。由此可见，胭脂原料的多样性与应用特征，仍有待进一步的科学分析。

（三）藤黄·黄檗

藤黄为热带雨林常绿乔木的黄色树脂，原产于柬埔寨、马来西亚、印度等地（图 1.2-15）。我国古代关于藤黄的记载始见于五代李珣《海药本草》。《海药本草·释名》载："按郭义恭广志云：出岳、鄂等州诸山崖。树名海藤。花有蕊，散落石上，彼人收之，谓之沙黄。就树采者轻妙，谓之蜡黄。今人讹为铜黄，铜、藤音

图 1.2-15　藤黄　　　　　**图 1.2-16**　黄檗

谬也。"[1] 由此可知，自西晋开始就有藤黄产于两湖地区的记载，并一直误称为"铜黄"，因此在五代以前的文献中几乎不见藤黄的记载。日本奈良时期正仓院文书的颜料清单中藤黄被写作"同黄"，应该是受到唐代"铜黄"误称的影响。

　　就藤黄在古代绘画中的应用来看，莫高窟第 328 窟初唐时期的供养菩萨壁画、法国吉美博物馆藏敦煌绢画《持红莲菩萨立像幡》（EO.1399）及《佛传图幡》残片（EO.1154）中均检测出含有藤黄。美国哈佛大学福格艺术博物馆利用华尔纳所盗取的敦煌壁画进行取样分析，发现其中使用的植物颜料有靛蓝、胭脂、藤黄等。法国国立美术馆科学研究所对伯希和带到法国的敦煌纸绢麻等材质的绘画作品上的颜料进行了科学分析，也检测出藤黄、胭脂、紫矿等有机颜料。这些科学分析结果表明，古代绘画中除了使用无机颜料以外，有机染料的使用也相当普遍。我们看到古代绘画的现状，除了要考虑无机颜料的变色、褪色以外，有机颜料及染料的变色、褪色及消失的现象也不容忽视。

　　黄檗为芸香科，属落叶乔木，别名有黄波萝、黄柏、黄木等，主要生长于东北和华北地区。在古代，黄檗主要被用作经书等的染黄材料（图 1.2-16），中国至少在汉代就已经认识到黄檗的染色功能。司马相如《子虚赋》记载："檗离朱杨。"张揖注云："檗，皮可染者。"古代书画装裱又称"装潢"，意指对经黄檗染过色的经书进行裱装。黄檗用于绘画创作的记载非常少，最新的研究显示，新疆克孜尔石窟佛龛中锡箔表面涂绘的有机染料就是黄檗，其目的是让锡箔呈现出金箔的视觉效果。

1　李时珍．本草纲目（校点本第二册）[M]．北京：人民卫生出版社，1975：1344.

三、金属

古代绘画中使用到的主要金属材料有金、银、锡三种。依据其性质与加工工艺可分为金箔、银箔、锡箔（图 1.2-17）；金泥、银泥；金沙、银沙等。金属箔是利用金属的延展性，将其锻打加工至极薄的状态；金属箔的厚薄因其性质及加工技术不同而有所差别，目前的金箔厚度可薄至万分之一毫米。黄金在古代工艺领域有很多加工方式，《唐六典》记载的用金方法就有销金、拍金、镀金、圈金、嵌金、贴金、织金、泥金、镂金、砑金、裹金等十多种。在造像或壁画中可能使用到的有包金、涂金、贴金、描金、沥粉堆金，其中包金和贴金工艺出现较早。而从颜料的物理形态来看，在壁画或彩塑中使用较多的是金属箔和金属泥。新疆龟兹、甘肃敦煌莫高窟，以及中亚地区的阿富汗巴米扬等石窟艺术中，存在大量使用金箔与锡箔的实际画例。而有关银箔、银泥在绘画中的实际例子，前者可见于日本宇治平等院凤凰堂门绘，后者可见于平安时期的源氏物语绘卷。

图 1.2-17 克孜尔第 175 窟主室佛龛中的锡箔

第三节　古代绘画的胶结材料

一、胶结材料的分类

胶结材料是将颜料固定于底色层之上的媒介剂。古代绘画的胶结材料主要有动物胶、植物胶、酪蛋白、鸡蛋、干性油等。动物胶是以动物皮、角、骨为原料制成的胶，是东方色彩绘画中使用最为普遍的胶结材料（图 1.3-1），被广泛应用于中亚、东亚地区的石窟与寺院壁画，织物支撑体绘画与纸本绘画中。植物胶的组成成分为非晶体态多糖，主要从植物体内及植物排出的液体中提取而成。常见的植物胶有阿拉伯胶、黄芪胶及桃胶。植物胶属于碳水化合物类别，结构多为糖类中的非离子型树脂，性质基本相似。桃胶的原材料不限于蔷薇科的桃树，与之相近的樱花和李子树上采集的树脂均可制成桃胶（图 1.3-2）。此外，酪素

图 1.3-1　日本播州粒胶

图 1.3-2　桃胶

与鸡蛋等蛋白质产物也可作为干壁画的胶结材料。酪蛋白占牛奶中蛋白质成分的80%，其作为胶结材料具有悠久的历史。酪蛋白因不能直接溶于水，须加入碱性中和剂溶解后方可使用，这一过程叫作糊化。酪蛋白的中和剂有石灰、硼砂等，最古老的胶结材料是由石灰制成的酪蛋白糊。鸡蛋中的蛋清与蛋黄都可以作为胶结材料，在从古至今的传统彩塑与壁画中均有应用的个案存在。除上述胶结材料外，中亚地区石窟壁画还使用干性油作为底色层、隔离层的媒介剂与胶结材料。干性油一般为浅黄色液体，主要成分是亚麻酸、亚油酸等不饱和脂肪酸的甘油酯，常见的干性油有亚麻仁油、桐油、核桃油等。

胶结材料不仅具有将颜料固着于支撑体上的功能，还可增强颜料在水中的分散性。它通过改善颜料在水中的亲水性，使其能够充分溶解于水中，从而避免颜料在水中沉淀，确保颜料的色彩明亮饱和。胶结材料因具有展色的功能，也被称为展色剂。

二、动物胶的文化

在日本留学期间的一次修复课堂上，笔者无意间问起韩国籍同窗，动物胶用韩语怎么读，对方脱口而出"阿胶"（akyou）。奈良天平胜宝四年（752），正仓院文书记载的佛画与佛像的彩色材料清单中，就有"胶"与"阿胶"的区分。"胶"在日本的文化语境中有多种读法，其中"ニカワ"（nikawa）的发音实际上是汉字"煮皮"的日语发音。平安中期承平年间编纂的辞典《倭名类聚抄》记载："胶是用动物的皮熬制而成。"10世纪前半叶，胶读作"コウ"（kou）。此外，日本一些制胶作坊、中药店及部分制墨作坊，至今依然把胶称作"阿胶"。

众所周知，中国古代山东东阿县的动物胶质量最好，被称为"东阿胶"，简称"阿胶"，日语发音为"アキョウ"（akyou）。隋代末年，中国的阿胶经由朝鲜半岛传至日本，这就是韩语至今仍称动物胶为"阿胶"的缘故。结合正仓院文书可知，阿胶不仅用作药材，也用于绘画创作。"阿胶"这一发音直到桃山时代仍被广泛使用，葡萄牙人编撰的日葡辞典中就有"acqueo"这一词条。此外，胶在日本还有一个读音为"ニベ"（nibe），这是原始日语的读法。它属于乌拉

尔 - 阿尔泰语系，如"胶"在蒙古语里读作"zabbi"、夏尔巴语里读作"pin"、藏语里读作"tin"。据说，这些发音可以追溯至 8000 到 10000 年前，从喜马拉雅山麓到北极圈的人们都一直在使用一系列拥有相同含义的词语。日葡辞典中记载有"nimbe"（鱼胶）一词，这个词更接近乌拉尔 - 阿尔泰语系中词语的原型，而在现代语言中"m"消失了。根据日葡辞典的记载，鱼胶主要用于弓弩制造，但对于"nimbe"的原材料却没有明确的记述。直到现在，日本制造弓弩的匠人仍然称胶为"nibe"，制胶从业者也用这个词来称呼原料的一部分，因此把用鱼鳔做的胶叫作"ニベニカワ"（鱼胶）。[1]

三、动物胶的原料

在中国，胶最早主要用于弓弩制造。"汉武帝时，西海国有献胶五两者，帝以付外库。余胶半两，西使佩以自随。后从武帝射于甘泉宫，帝弓弦断，从者欲更张弦，西使乃进，乞以所送余香胶续之，座上左右莫不怪。西使乃以口濡胶为以住断弦，两头相连注，弦遂相著。帝乃使力士各引其一头，终不相离。西使曰：'可以射。'终日不断，帝大怪，左右称奇，因名曰续弦胶。"[2] 关于制胶原料的最早文献记录，可追溯至周朝，《周礼·考工记》曰："凡相胶，欲朱色而昔。昔也者，深瑕而泽，紾而抟廉。鹿胶青白，马胶赤白，牛胶火赤，鼠胶黑，鱼胶饵，犀胶黄。"[3] 由此可知，古代制胶的原料来自鹿、马、牛、鼠、鱼、犀牛等多种动物。但不同的动物，制胶选料的部位也不同。东汉末年，经学大师郑玄注："皆谓煮用其皮，或用角。"孔颖达疏："惟鹿用其皮，亦用角，今人鹿犹用角，其余皆用皮。"[4] 由此可见，六种用于制胶的动物中，仅鹿胶的原料兼用皮与角，其余动物制胶均只用皮。除此之外，制胶的原料还有猪皮、驼皮、驴皮及骡皮。由于

1　森田恒之 . 膠について [M]// 国宝修理装潢師連盟編 . 日本美術品の保存修復と装潢技術その弐 . 東京：株式会社クバプロ，2002：2-73.
2　张华 . 博物志 [M]. 南京：凤凰出版社，2017：26.
3　周公旦 . 考工记（下）[M]// 周礼 . 《士礼居丛书》景明嘉靖刻本，874.
4　郑玄注，贾公彦疏，李学勤主编 . 十三经注疏·周礼注疏 [M]. 北京：北京大学出版社，1999：1175.

图1.3-3 日本干性鹿胶

驴、马皮薄,毛多胶少,加工过程费樵薪,所以较少使用。关于鱼胶的制作与用途,明代宋应星《天工开物》记载:"中华则以之铺护弓干,与为棉花弹弓弦也。凡胶,乃鱼脬、杂肠所为,煎治多属宁国郡。其东海石首鱼,浙中以造白鲞者,取其脬为胶,坚固过于金铁。北虏取海鱼脬煎成,坚固与中华无异,种性则别也。天生数物,缺一而良弓不成,非偶然也。"[1] 鱼胶以鳔为原材料,是制作良弓不可或缺的材料,可以加固弓体各部位。由此推测,汉武帝时西海国使所献续弦胶为鱼胶的可能性较大。在日本,鹿皮属于制胶原料中的上品,一般采用驼鹿和驯鹿类的皮。值得注意的是,日本现在所谓的"鹿胶"其实只是一个商品名称而已(图1.3-3),并非全部以鹿皮作为原材料制作而成。唯一完全使用鹿皮制作动物胶的地方只有吉野县,由于鹿制胶气味芬芳,所以也受到了制墨商的青睐。

四、动物胶的制作

动物胶的制作方法在《周礼·考工记》中已有详细记载,现在的制法与古代基本相同。另外,北魏贾思勰《齐民要术》记载:"煮胶要用二月、三月、九月、十月,余月则不成。热则不凝无饼。寒则冻瘃合胶不粘。"[2] 说明熬胶的煮制工艺对时

---

1 宋应星. 天工开物 [M]. 北京:中华书局,2021:405.
2 贾思勰. 齐民要术 [M]. 上海:中华书局,1956:169.

图 1.3-4 动物皮

图 1.3-5 将皮子浸泡在河流中

图 1.3-6 脱毛

节有严格要求，以冬春交际的二、三月或秋冬交际的九、十月为宜。如果天气太冷，则容易使胶冻结，影响胶的黏性。

动物胶的制作原理是将动物皮原料切细后放入水中煮，再将提取液汲干，最后使其凝固。如果只煮一次的话，在动物皮中还会残留很多动物胶的成分，因此要重复三到四次。最初的几次提炼时间短且提取出的胶纯度高，但反复几次后，杂质的含量逐渐增加，主要有吸湿性高的钠、钾、磷等化合物。杂质含量的不同使得胶的颜色及吸水性也不同，这直接关系到胶的品质。制胶的基本条件是室内温度不低于 0℃，最高温度不超过 20℃，并且没有强风。制胶的原材料首选较薄的动物皮碎块。制胶的过程大体如下：

第一，原皮加工。在收集起来的碎皮子上涂石灰，有时也会晾干或用盐腌制动物皮以防止腐烂（图 1.3-4）。石灰不仅可以防止动物皮腐烂，还能分解表皮中的角质以便提取。待到冬季，一般会将皮子浸泡在河流中，除去表皮油脂（图 1.3-5）。

第二，脱毛脱脂。将河流中的动物皮收回，用刀刮去表皮与毛，再用高压水喷洗进行脱脂（图 1.3-6）。

第三，抽出胶液。将碎皮子裁切成条状并用水冲洗，在清洗时要添加一些酸性物质来中和涂抹的石灰，然后再清洗数个小时（图 1.3-7）。入锅炉熬煮之前，需要将碎皮子中的水分阴干。在一天中气温最低的深夜到来之前，将晾干的碎皮子放入锅炉，再加入适量的水，以 70℃—80℃ 的文火反复熬制 12 个小时左右，

图1.3-7 脱毛后的皮 　　**图1.3-8** 抽出胶液 　　**图1.3-9** 浓缩胶液

而后将胶液慢慢抽出（图1.3-8）。

第四，浓缩胶液。将抽出的胶液过滤干净，加大火力，在90℃—95℃时用猛火浓缩，整个浓缩过程大概需要四个小时。在此过程中会有大量的油脂从碎皮块中渗出，此时用勺子舀出油脂，再借助强烈的蒸汽继续进行浓缩，将胶液浓缩到原体积的12%后，使其自然冷却（图1.3-9）。

第五，裁切成型。将浓缩后的胶液灌入被称为"船"的木箱中，静置一天一夜。其凝固后会变为块状的、类似羊羹的物体，用竹刀将其从木箱中取出，切成方便使用的大小，然后进行烘干处理。

五、胶结材料的应用

新疆龟兹、敦煌莫高窟、云冈等地的石窟壁画及彩塑所用的胶结材料主要为牛皮胶，但也有使用鸡蛋、阿拉伯胶的例子。据科学分析，秦始皇兵马俑表面的彩色材料涂绘就是使用鸡蛋作为胶结材料的。无独有偶，敦煌莫高窟第85窟五代壁画中检测出了蛋清的成分，而在第260窟的壁画中检测出了蛋黄的成分。这些例子虽然极为罕见，但也说明了古代石窟壁画使用胶结材料的多样性。此外，对克孜尔第189窟出土的蓝色颜料的分析表明，其中含有植物胶，疑似阿拉伯树胶。[1]

干性油作为胶结材料的例子以巴米扬壁画为典型。据科学分析，7 世纪后半叶的巴米扬壁画中，出现了使用核桃油作为媒介剂的油彩画技法。先在黏土墙壁上使用干性油类制作隔离层，然后再以铅白与干性油的混合物作为底色层，在其表面粘贴锡箔作为装饰。近年的研究显示，克孜尔壁画中使用了干性油来粘贴锡箔，使用了紫胶树脂来粘贴金箔。[2] 巴米扬与克孜尔壁画中所使用的胶结材料与技法的多样性，展现了中亚地区作为东西方文明的十字路口，其石窟艺术的多元技法特征。

另外，值得关注的是，在日本正仓院被称为"密陀绘"的工艺品中，也使用了油作为媒介剂。东方学者对中国和伊朗的词语进行比较研究，认为"密陀僧"这个名称出现是在唐代之后，密陀僧（mirdäsang）、没多僧（murdäsang）等称谓源自波斯语。编撰《新修本草》的苏敬认为，"密陀"和"没多"都是伊朗的语言。密陀僧具有加速干性油干燥并形成稳定涂膜的促进剂的作用，而不仅仅是作为颜料使用。"干性油"和"密陀僧"作为一组材料起源于伊朗世界的可能性颇具研究价值。因为从巴米扬壁画含有干性油的彩色层中检测出了大量的铅化合物，所以不排除是为了使用密陀僧作为干燥剂而有意添加的可能。[3]

1　周智波，杨杰，高愚民 . 克孜尔石窟出土蓝色颜料研究 [J]. 文物保护与考古科学，2019（4）：113.

2　Zhibo Zhou, Ling Shen, Chen Li, et al. Investigation of Gilding Materials and Techniques in Wall Paintings of Kizil Grottoes[J]. Microchemical Journal, 2020: 7.

3　谷口陽子 . 中央アジアバーミヤーン仏教壁画の分析（1）シンクロトロン放射光を用いた SR-μFTIR, SR-μXRF/ SR-μXRD 分析 [R]. 国立歴史民俗博物館研究報告（第 177 巻），2012：52.

第二章
古代绘画的色彩观

东方色彩总共存在三大体系：一是中华五色体系，二是佛教五色体系，三是印度五色体系。中华五色体系与佛教五色体系既不兼容，也不排斥。印度五色体系与戏剧艺术息息相关，对宗教美术色彩产生了深远影响。"国王啊！不了解舞论，就不能正确地理解绘画的规则，因为绘画和舞蹈都是表现这个世界的。"这句话出自《毗湿奴法上往世书》，是金刚王请求传授绘画技艺时，其导师仙人摩罗根德耶对他的教诲。不论是被译为《舞论》的戏剧学，还是舞蹈理论的"舞论"，都与早期佛教壁画的造型与色彩存在关联。《舞论》成书于公元前后，是一部系统阐释古代印度音乐、舞蹈、表演的戏剧理论。《舞论》中的"味论"与"妆饰表演"都涉及了色彩论，前者带有浓厚的象征意味，后者则基于角色表演设定不同人物的化妆颜色，二者均对早期佛教壁画的人物色彩表现产生影响。《毗湿奴法上往世书》作为古代印度的经典理论，代表了笈多王朝（约320—540）的艺术见解，该书的色彩论继承了《舞论》中"妆饰表演"的色彩观，并进一步发展了根色（原色）与间色的内容。而该书第三部分的《画经》内容，继承了《舞论》的"味论"而形成绘画的"六味"。《画经》还涉及了绘画创作中人物造型的度量、色彩，以及具体的材料与技法等内容，与阿旃陀以及新疆克孜尔壁画存在关联性。本章结合古代壁画的具体例子，从色彩、造型、材料与技法等方面，结合上述相关文献进行解析。

第一节 戏剧与绘画的色彩关联

新疆克孜尔壁画中的人物肤色各异、种类繁多，但目前关于壁画人物颜色的研究相对匮乏。《舞论》是古印度最早的戏剧理论著作，其中的"味论"与戏剧演员的妆饰色彩，曾对早期壁画人物的颜色塑造产生过影响。要理解戏剧角色妆饰色彩与壁画人物颜色之间的内在关联，须从两方面着手：其一，理清戏剧与绘画的关系；其二，明晰角色与颜色的相互对应关系。图 2.1-1 描述了释迦牟尼一生中的四个重要场面：树下诞生、魔军攻击、初转法轮、娑罗林入涅槃。如果将这幅白描与克孜尔相同主题的壁画进行比照，视其为壁画的粉本也在情理之中。然而，站在古代画师的视角，就不得不面对一个朴素的问题，即从黑白线描到绘制出肤色各异的人物，画师是否遵循一定的用色规则？很明显壁画中的人物肤色是相对固定的。克孜尔是早期佛教绘画的发生地，那里壁画中人物的肤色受到了哪些因素的影响呢？

一、戏剧与绘画

实际上，图 2.1-1 只是克孜尔第 205 窟佛传故事《阿阇世王灵梦入浴》中行雨大臣双手举起的一幅白描，这幅"画中画"仅仅是此则故事的一个道具。《阿阇世王灵梦入浴》（图 2.1-2）出典于《根本说一切有部毗奈耶杂事》卷三十八，故事记述了佛弟子大迦叶于王舍城见大地震动，知释迦入灭，预感国王阿阇世闻后将吐血而死，于是授计于城中行雨大臣，于国王堂内绘从兜率天降生直至涅槃，即释迦一生传记。阿阇世王出游时，见堂画而昏晕气绝，大臣立即将

图 2.1-1 克孜尔第 205 窟壁画《阿阇世王灵梦入浴》局部

图 2.1-2 克孜尔第 205 窟壁画《阿阇世王灵梦入浴》

王移入生酥函，最后入香水函，国王渐渐恢复生息。根据佛经的记载，大迦叶命行雨大臣"于妙堂殿如法图画佛本因缘"，[1] 也就是这一故事所描绘的场所应该是墙壁，而在克孜尔壁画中这一情节被描绘在行雨大臣双手举起的画布上。美国学者梅维恒敏锐地指出，这一现象透露了一个重要但长期被忽视的信息，即中亚地区流行着印度用图画讲故事的传统。作为因缘佛传故事计量单位的"铺"（pat），其语义上的意思是"布（上的图画）"。在藏传佛教里相当于 pat 的词是 rasbris 或者 rasrimo（棉布上的图案），也就是唐卡的意思。而其他的语言中，这些或与此相关的词的意思都是"（画有宗教形象，常常带有叙述性内容的铺开着的）布"，即汉语中的"铺"。壁画《阿阇世王灵梦入浴》表明了一铺（pat）至少可以有四个场景。在汉译过程中，梵文中的名词"pat"（铺）变成了一个计量的修饰语。[2] 吕德尔斯（H.Luders）认为印度戏剧有两个根源：一个是 natas（舞剧），另一个是 saubhikas（看图讲故事），两者结合起来就形成了印度戏剧。[3] 1910 年，德国探险家勒柯克在新疆库车的克孜尔千佛洞发现了大批写在棕榈叶上的梵文佛教经文，被证实为马鸣（1—2 世纪）创作的《舍利弗》剧本；1959 年，在新疆哈密发现的《弥勒会见记》剧本，显示了中亚佛教美术中以"铺"为单位的因缘故事画与印度戏剧之间的关联。葛马丽认为《弥勒会见记》是戏剧的开端，佛教徒们会在正月十五聚集在寺院里礼拜圣地，夜晚他们观赏哑剧演员和朗诵者按照各自不同的角色演出像《弥勒会见记》一类的作品。[4] 有关梵剧的史料信息也见于诸多佛经，为了方便论述，现将相关经文摘录如下：

> 如我世尊，为菩萨时，所有行迹，当时有一乐者，名高腊婆，取菩萨行，歌入管弦。我等虽看，有忆不忆，即便共歌其事，无有遗失。遂即往至，

---

1 大正藏：第 24 册 [M]. 东京：大正一切经刊行会，1924：339.
2 梅维恒. 绘画与表演——中国的看图讲故事和它的印度起源 [M]. 王邦维，荣新江，钱文忠，译. 北京：燕山出版社，2000：29.
3 季羡林. 季羡林文集第十一卷：吐火罗文弥勒会见记译释 [M]. 南昌：江西教育出版社，1998：11.
4 梅维恒. 绘画与表演——中国的看图讲故事和它的印度起源 [M]. 王邦维，荣新江，钱文忠，译. 北京：燕山出版社，2000：59.

二神堂所，去其不远，张设戏场，青布旁遮，红褝上覆。既布置已，六众俱来。时邬波难陀，即着俗服，以彩叠缠头，手拍鼗鼓。自余诸伴，皆为舞乐。鼓声才发，大众云奔，弃彼戏场，皆集斯处。时彼乐人，闻音奇绝，亦并俱来，观其所为，咸成绝代。共相谓曰，此等为是天。为龙药叉，乾闼婆等，来此歌戏。各生奇异，共舍资财。于时六众，戏讫散场。所有钱财，并收将去。时诸乐人，亦随其后，观知住处。便见六众，入竹园中。乐人在门，伺看其事。时邬陀夷，出寺门外。<u>于其耳侧，尚有雌黄。乐人见之，问言：向为伎乐，岂圣者耶。</u>答言：是我故欲，辱汝痴人，岂容汝等，假我威光，以为活命。反相调弄，作我形仪，对众人前，以当诃笑。若汝去处，我必随行。令汝长时，一无所获。[1]

关于这段经文的详细解析可参见康宝成的《"戏场"：从印度到中国——兼说汉译佛经中的梵剧史料》，他指出"张设戏场，青布旁遮，红褝上覆"等描述透露了戏剧舞台布置的场景，并推测早期梵剧在演出前需临时装饰戏台，这一叙述与印度戏剧理论著作《舞论》的记载相吻合。[2] 实际上，划线处经文隐藏着一个更为重要的信息，那就是梵剧演员参与演出时的一个重要的程序——妆饰。这段经文前面讲述了"六众"不满南方乐人模仿他们的形仪演出而获取钱财，于是"六众"自己演起了世尊行迹，与南方乐人分庭抗礼，结果演出大获成功。经文画线部分讲述演出结束后，南方乐人尾随"六众"至住处，恰好遇上"六众"之一的邬陀夷出寺门外，南方乐人发现"其耳侧尚有雌黄"，当南方乐人质问邬陀夷他一向只演伎乐岂能扮演圣者时，遭到了邬陀夷的斥骂，指责他们模仿并丑化"六众"形仪哗众取宠。邬陀夷扬言要一直与"南方乐人"唱对台戏，让他们一无所获。在这里，作为"六众"之一的邬陀夷究竟是一个怎样的人物，为何演出后其耳后尚有雌黄？关于邬陀夷的形象，在《增一阿含经》卷四十六有这样一则记载：

1　大正藏：第 23 册 [M]. 東京：大正一切経刊行会，1924：844.
2　康宝成 . "戏场"：从印度到中国兼说汉译佛经中的梵剧史料 [J]. 戏剧艺术，2002（5）：49.

尔时。迦留陀夷，向暮日入，着衣持钵，入城乞食。尔时极为暗冥，时优陀夷渐渐至长者家，又彼长者妇怀妊，闻沙门在外乞食。即自持饭，出惠施之。然优陀夷颜色极黑，又彼时，天欲降雨，处处抴电。尔时。长者妇出门，见沙门颜色极黑。即时惊怖，乃呼是鬼。自便称唤，咄哉。见鬼，即时伤胎儿，寻命终。是时，迦留陀夷，寻还精舍，愁忧不欢，坐自思惟，悔无所及。[1]

文中优陀夷即邬陀夷，其"颜色"（肤色）极黑，在暮色中几乎看不清颜面，当他到一怀孕妇女家中乞食时，蓦然闪电，妇人乍见电光中之邬陀夷，惊疑为黑鬼，骇怖堕胎。显然，貌如黑鬼的邬陀夷在没有进行化妆的情况下是不宜参与表演"世尊行迹"的，从其耳侧尚有雌黄的痕迹可以判断，邬陀夷在演出前使用雌黄颜料进行了化妆，以掩盖其如黑鬼般的真实颜面。这些隐含的信息与印度戏剧理论《舞论》中的"妆饰表演"记载相合。虽然邬陀夷扮演了何种角色此处并未说明，但从"二人深解阿毗昙：一迦留陀夷、二阐那"[2]一说可知，邬陀夷精通教经、律、论藏等，极有可能扮演了圣者（释迦），这与南方乐人质问邬陀夷"向为伎乐岂圣者耶"相吻合，并确认了邬陀夷在扮演世尊时，使用了雌黄这种能够彰显角色身份的黄色颜料。雌黄与铅粉混合用于化妆的例子常见于古代诗词中，如唐代卢纶《皇帝感词》中的"铅黄艳河汉，笑语合笙镛"；宋代周邦彦《丑奴儿·大石梅花》中的"洗净铅黄，素面初无一点妆"，此处的铅黄即铅白与雌黄。而在梵剧中，演员的角色与形色是一一对应的，例如《福盖正行所集经》卷四载"如徘优者，易其形色，设得为人，生贫穷家，于母胎中，受种种苦""如徘优者，着妙衣冠，于众人前，自称王者，然彼实无第一娱乐"。[3]由此可知，演员可通过改变造型与颜色，分别出演穷人与王者两种角色。言下之意，穷人与王者不但衣冠不同，颜色（脸色）也各异。这些经文透露了这样一个信息，在梵剧中"角色"

1　律藏：上卷 [M]. 東京：甲子社書房，1926：304.
2　大正藏：第 23 冊 [M]. 東京：大正一切経刊行会，1924：519.
3　大正藏：第 32 冊 [M]. 東京：大正一切経刊行会，1924：726-740.

与"形色"相互对应，形成固定的视觉识别系统。

季羡林援引 A. Von Gabain 的观点，认为中国戏剧中帝王或者大将的装束与吐鲁番壁画中的金刚手相同。[1] 克孜尔以"铺"为单位的佛传故事带有浓厚的叙事色彩，与之对应的是绘制在画布上的作品，它在特定的节日里被拿出来用以配合戏剧表演。季羡林认为，"《弥勒会见记》吐火罗语剧本的叙述者是从印度古代看图讲故事者发展出来的，看图者眼前是有图画的，而吐火罗语则没有。于是原来用图画表述的情节，只能用表演者来表演了"[2]。虽然这只是一种设想，但至少表明佛教绘画与戏剧表演之间存在着有机关联。那么，佛传因缘故事画中的人物颜色与梵剧演员的妆饰色彩之间是否存在关联呢？在讨论这一问题之前，有必要对梵剧表演相关的史料作简要梳理。

二、角色与颜色

《舞论》是印度最早的文艺理论著作，系统阐述了古代印度音乐、舞蹈、表演的戏剧理论。虽名为《舞论》，但实为戏剧论。《舞论》涉及戏剧演员颜色特征与化妆规则的内容，主要集中在第六章中的"味论"以及第三十二章关于"妆饰表演"的说明中。前者的色彩论带有浓厚的象征性；后者基于视觉表现而设定不同人物形象的化妆色彩。

（一）味·色·形

"味论"之味，是为了让观众体验到戏剧表演的情感传递效果。味的表面含义是汁、液、滋味等，后来在《奥义书》中又引申为表示五种感官对象。《舞论》将味的起源比喻成"美食家品尝各种材料与调料混合烹制的食物而心满意足，智者欣赏各种情的表演所产生的常情、内心喜悦，这便是戏剧的味"[3]。作为本源

1　季羡林 . 季羡林文集第十一卷：吐火罗文弥勒会见记译释 [M]. 南昌：江西教育出版社，1998：11.
2　季羡林 . 季羡林文集第十一卷：吐火罗文弥勒会见记译释 [M]. 南昌：江西教育出版社，1998：12.
3　婆罗多 . 舞论 [M]. 尹锡南，译 . 成都：巴蜀书社，2021：98.

的味有四种，即艳情味、暴戾味、英勇味、厌恶味。在此基础上继续衍生出其他的味：滑稽味源自艳情味，悲悯味源自暴戾味，奇异味源自英勇味，恐怖味源自厌恶味。不同的味对应不同的颜色：艳情味呈青色，滑稽味为白色，暴戾味是红色，悲悯味为灰色，英勇味呈橙色，奇异味是黄色，厌恶味是蓝色，恐怖味为黑色。印度古代文艺理论家新护为了确立第九种味即平静味，引述了几位学者的观点。他把奇异味是黄色改为"本色即亮色，黄色是平静味和奇异味的颜色"，"奇异味以梵天为保护神"，被改为"平静味以佛陀为保护神，奇异味以梵天为保护神"。[1]由此可见，"味论"将内心感知与视觉颜色相对应，实现了情感的可视化转变，通过把味、色、保护神三者相联系，进一步对抽象的颜色特征进行具象化的形象塑造，将不同的味对应不同的保护神：艳情味以毗湿奴为保护神，滑稽味以湿婆的随从为保护神，暴戾味以楼陀罗为保护神，悲悯味以阎魔为保护神，英勇味以因陀罗为保护神，奇异味以梵天为保护神，厌恶味以湿婆为保护神，恐怖味以死神为保护神，平静味以佛陀为保护神。现将九种味、颜色、保护神的对应关系总结如下，见表2.1-1。

表 2.1-1　味、颜色、保护神的对应关系表

味论	颜色	保护神
艳情味	青色	毗湿奴
滑稽味	白色	湿婆的随从
暴戾味	红色	楼陀罗
悲悯味	灰色	阎魔
英勇味	橙色	因陀罗
奇异味	黄色	梵天
厌恶味	蓝色	湿婆
恐怖味	黑色	死神
平静味	黄色	佛陀

从"味—色—神"的对应关系中可以看到来自印度古典史诗的影响。根据《梨

1　婆罗多.舞论[M].尹锡南，译.成都：巴蜀书社，2021：100.

俱吠陀》记载，因陀罗全身黄褐色，闪闪发亮；楼陀罗为红褐色，并且能自身发光，所以他还有一个"光芒四射者"的称号，这些特征与味论的颜色基本相符。把作为情感体验的"味"与"色"进行对应，实现了情感的可视化，进而将可视化的"色"与"形"同体建构，这恰是作为视觉艺术的戏剧的内在需求。不仅如此，"味—色—神"的对应关系构建起了"审美标准—识别方法—形象建构"的视觉模式，这一模式为戏剧艺术与绘画艺术的审美互通提供了可能。因此，《画经》继承了"味论"，将艳情味、滑稽味、悲悯味、英勇味、暴戾味、恐惧味、厌恶味、奇异味和平静味转变为九种"画味"，与《舞论》之味论遥相呼应。[1] 并且，《画经》指出平静味主要描绘苦行者结跏趺坐、沉思入定等表现寂静安宁的场景。这与《舞论》中将平静味设定为黄色，其保护神为佛陀这一叙述之间存在着有机关联。如果将《舞论》与《画经》的色彩观进行对照，以佛陀为例可概括出"平静味—黄色—佛陀—苦行者"这样一个"心理感知—色彩象征—角色定位—具象造型"的艺术表现模式，而这一模式所诠释的审美内核，即《舞论》对平静味意境的描述："无苦无乐，无瞋无嫉，众生平等，这是平静味所展现的境界。"[2] 这样，戏剧与绘画在审美、情感、色彩、造型上实现了相通，在早期的佛教绘画中，与之相关的人物形象的颜色便有了理论依据。

（二）颜色与身份

《舞论》之"妆饰表演"认为，参与演出时演员不能以自己的真实面貌出场，而必须根据不同角色使用相应的颜料涂抹颜面以及身体，以达到完美的演出效果。如果说味论通过情趣、颜色、形象三位一体关系实现了戏剧与绘画的审美统合，那么"妆饰表演"则为绘画人物的塑造提供了更详细的色彩指导。为便于进一步讨论，本节对"妆饰表演"中角色与颜色的对应关系进行了总结，见表 2.1-2。

1　定金計次 . サンスクリット絵画論とインド古代壁画―理論と実際 [D]. 京都市立芸術大学，1989：66.

2　婆罗多 . 舞论 [M]. 尹锡南，译 . 成都：巴蜀书社，2021：107.

表 2.1-2 戏剧角色与颜色的对应关系[1]

颜色	角色性质	角色
白色	神怪	月神、木星、因陀罗、海神、恒星群、海洋、喜马拉雅山和恒河
	凡胎	妙马国居民
黑色	神怪	那罗延、那罗、伐苏吉、恶魔、檀那婆、罗刹、密迹天、山、鬼怪和天空、修炼苦行的仙人
	凡胎	国王、般遮罗人、修罗塞纳人、奥达罗人、摩揭陀人、盎迦人、梵迦人和羯陵伽
		作恶多端者、鬼魅附体者、病人、苦行者、苦力、吠舍
	低种姓	首陀罗
黄色	神怪	佛陀、火神
橙色	凡胎	国王、婆罗门、刹帝利北方的释迦人、耶伐那人、帕拉维人和巴尔赫人、幸福的凡人
金色（黄色）	神怪	楼陀罗、太阳神、梵天和室健陀
	凡胎	六大洲的人、瞻部洲居民（除俱庐族人外）
蓝色	凡胎	计都摩罗国的居民
红色	神怪	火星
粉红色	凡胎	国王
枣红色	神怪	仙人
无规则色	神怪	药叉、乾达婆、精灵、蛇神、妖精、先祖、猿猴

　　"妆饰表演"所涉及的角色可以大体按照神魔、凡胎、种姓三大种类来区分，其颜色可以概括为亮色（白、金、黄、 橙）与暗色（黑、棕黑、紫黑、蓝）两大系统。金色等同于黄色，黄色是苦行者衣裳的颜色，象征人间、大地等事物。这两大颜色系统对应的角色不同，神、富人、高种姓者以及特定种族为亮色；反之，恶魔、低种姓者、背负厄运者、苦力以及社会地位低下者为暗色。在亮色与暗色两大系统之外，还有一些不遵循色彩规则的角色，如药叉、乾达婆、精灵、

1　婆罗多.舞论[M].尹锡南，译.成都：巴蜀书社，2021：306.

蛇神、妖精、先祖、猿猴等。值得注意的是，国王实际上有三种颜色的可能，即粉红色、深黑色、橙色。由此可见，深黑色并不意味着低级，反而是棕黑色或紫黑色暗示着反面与低等角色。而对于计都摩罗国的居民为蓝色的描述，其颜色的含义有待进一步考证。

需要注意的是，《舞论》第八章"次要部位表演规则"中提及四种脸色，对我们理解戏剧中"情""味""色"三者之间的关系具有重要作用。所谓四种脸色即本色（svabhavika）、白净（prasanna）、红艳（rakta）、黑暗（syama）。演员应该在自然朴实的表演和平淡无奇的情境中运用本色；白净的脸色运用于奇异味、滑稽味、艳情味的表演中；红艳的脸色运用于英勇味、暴戾味、悲悯味及醉意等表演中；黑暗的脸色运用于恐怖味和厌恶味的表演中。[1] 关于脸色运用的叙述，似乎是对"味论"颜色象征性与"妆饰表演"颜色现实性的补充。例如在实际演出时，白净的脸色可代表奇异（黄）、滑稽（白）、艳情（绿）的情味；红艳的脸色可代表英勇（橙）、暴戾（红）、悲悯（灰）、醉意（不定情）的情味；黑暗的脸色可代表恐怖（黑）、厌恶（蓝）的情味。尤其是对于黑暗脸色的诠释，从词义上看，梵语"syāma"（黑暗）本身就兼具（青金石）蓝与黑色两种含义。[2] 或许，在实际的演出或者绘画中，黑色与蓝色可代表同一意义。

三、壁画人物与戏剧人物的颜色关联

克孜尔第178窟的《佛传图》（图2.1-3），就现状来看图中至少出现了四种肤色的人物，结跏趺坐于画面中央的白色释迦，释迦左边的蓝色六臂天神，左上角着武士服的黑色天神，右下角坐于白牛上的黑色四臂天神，以及后排肤色深浅不一的众天神。Ineskonczak从这一铺说法图中识别出了梵天、帝释天、爱神魔罗、四天王天、摩醯首罗天、那罗延天等印度神祇，并指出这种图像与丝绸之

1　婆罗多. 舞论[M]. 尹锡南，译. 成都：巴蜀书社，2021：143.

2　Jayanta Chakrabarti.Techniques in Indian Mural Painting[M]. Atlantic Highlands, N.J.：Humanities Press Inc., 1982：125.

路北道发现的梵文《大会经》有关。[1] 以下将克孜尔壁画中人物的肤色与《舞论》的色彩观作对比分析。

（一）神明之色

1. 释迦牟尼

释迦族是喜马拉雅山地区的土著民族，属汉藏语系藏缅语民族。释迦族皮肤黄白，不论是对释迦本人还是对释迦族而言，黄白肤色的最高审美标准是金黄色。《佛本行集经》说，释种摩尼楼陀兄弟"可喜端正，观者无厌，身体黄白，犹如金色"。释迦牟尼在成佛前为太子，肤色黄白（图2.1-4），成佛后独尊出现时，为强调其神性多表现为金黄色。虽然佛教宣扬众生平等，消除种姓歧视，但讽刺的是当释迦牟尼被婆罗门弟子阿摩昼看作"有色人种"时，却以嘲笑阿摩昼所属的康哈耶那族出自释迦族奴婢作为反击，康哈耶那是黑人的意思，因肤色黑而被称作恶鬼。[2] 由此可见，释迦族将理想肤色金黄色视为尊贵的亮色，并且不认为自己是有色人种。在壁画创作中，大面积使用黄金显然成本过高，因而白色与黄色（亮色）成为了标准色，但一些凸显释迦单尊的塑像多采用金泥或者金箔（图2.1-5），这与梵剧世界中佛陀作为平静味（黄色）的保护神，《舞论》"妆饰表演"中佛陀以黄色面目出场，以及前述邬陀夷扮演世尊行迹之后"于其耳侧尚有雌黄"的叙述相吻合。当然，佛传故事不是释迦牟尼一个人的独角戏，而且佛教为了弘扬佛法，还把非佛教系统的吠陀教、婆罗门教以及印度教的神祇加以收编，下面介绍佛教系统中代表性的神祇以观其与《舞论》色彩观的关联。

2. 梵天与帝释天

梵天与帝释天是克孜尔壁画中常见的护法神。在古印度诸经典中，梵天出现得较晚，在两大史诗《摩诃婆罗多》《罗摩衍那》和法经类著述如《摩奴法论》中才正式成为主神之一。《摩奴法论》中被婆罗门教奉为宇宙至高神的梵天四面

1　杨波.克孜尔石窟"说法图"题材分类及相关问题研究 [EB/OL].(2021-11-14)[2023-12-20].http：//www.silkroads.org.cn/portal.php?mod=view&aid=53133.

2　吕建福.释迦牟尼的民族、种族及其国家 [J].佛教研究，2020（1）：93.

图 2.1-3 克孜尔第 178 窟壁画《佛传图》

图 2.1-4 克孜尔第 110 窟壁画《出家前夜》

图 2.1-5 克孜尔第 67 窟出土贴金佛像

图 2.1-6　克孜尔尕哈壁画《梵天与帝释天》

四臂，形象怪诞，而对于梵天的肤色没有明确的记载。但有梵天出于金卵一说："首先从自己的身体创造出水，又把自己的种子投入那水中。那种子变成一枚金卵，像太阳那样光辉灿烂。"[1] 由此可知，梵天的原始肤色为金黄色（亮色），不论是在《舞论》的"味论"还是"妆饰表演"中，梵天始终都以金色（黄色）面貌出场。被纳入佛教系统后，梵天在佛经和佛教艺术中虽有迹可循，但对于其肤色的描述都比较朦胧。《中阿含经》载："尔时梵天，色像巍巍，光耀炜烨，夜将向旦，往诣佛所，稽首佛足，却住一面，即时以偈，白世尊曰：为多饶益义，见利义日天；贤住摩竭国，婆娑婆问事。"[2] 从"色像巍巍，光耀炜烨"的描述来看，其属于亮色系统。从种族角度分析，梵天属于雅利安人族群，[3] 其肤色属亮色系统。《舞论》记载"白净的脸色可以代表奇异（黄色）、滑稽（白色）、艳情（绿色）的情味"，而克孜尔壁画中多将梵天塑造为肤色白净的美男子也符合《舞论》的色彩观。

　　帝释天梵文名号为"sakra"，汉译佛经中音译为释揭罗或烁揭罗。帝释天是音译和意译相结合的译法。佛经中将"sakra"解释为"Devanam Indra"，即天神中的因陀罗。在《梨俱吠陀》中，因陀罗全身呈黄褐色，[4] 即是威风凛凛的战神，又是叱咤风云的雷神。在早期的佛教美术中，帝释天的肤色较多地保留了原始色彩。例如，克孜尔尕哈石窟壁画帝释天（左）与梵天（右）的组合（图2.1-6）中，帝

1　蒋忠新. 摩奴法论 [M]. 北京：中国社会科学出版社，1986：3-4.
2　大正藏. 第 1 册 [M]. 東京：大正一切経刊行会，1924：638.
3　姜景奎. 印度神话之历史性解读：梵天篇 [J]. 南亚东南亚研究，2021（4）：90-91.
4　巫白慧. 梨俱吠陀神曲选 [M]. 北京：商务印书馆，2020：115.

释天呈黄褐色（也有可能是变色），梵天呈黄白色，这些特征与《舞论》中的"味论"基本相合。此外，帝释天的黄褐色特征也出现在从巴拉瓦斯特佛寺出土的极具印度人特征的壁画残片（图 2.1-7）中，这充分显示了来自印度的影响。但在梵天劝请以及帝释窟说法主题中出现的帝释天与梵天二者常表现为白色（也有可能是其表面的黄色褪色）。在《杂尼迦耶》的《天杂品》中，佛陀对众比丘解释说，帝释天前生曾是一位名叫摩伽的婆罗门，故而称作"摩伽婆"[1]。既然为婆罗门种姓，其肤色呈现黄褐色或者白色均在情理之中。总而言之，梵天与帝释天在克孜尔壁画中的肤色表现同时遵循了"味论"的色彩观与"妆饰表演"的彩色规则。

3. 那罗延天与摩醯首罗天

那罗延天的原型为毗湿奴。在《梨俱吠陀》中毗湿奴是位不起眼的小神，直到《往世书》的一系列神话传说中，他才成为一个多面角色。原始毗湿奴的肤色为深蓝，具四手，乘坐金翅鸟。[2] 有关毗湿奴肤色的记载见于《一切经音义》："那罗延，梵语，欲界天名，此天多力，身绿金色，八臂，（乘）金翅鸟王，手持斗轮，及种种器杖，每与阿修罗王战争也。"[3] 克孜尔壁画中的那罗延天为蓝色，体现出了对印度原始湿婆的继承，与"味论"的色彩观相吻合。不过，在"妆饰表演"中那罗延天为黑色，在梵语中蓝色、绿色、黑色都可以用"syāma"一词表示，不知是否与那罗延肤色的不确定性有关，这一点值得关注。

摩醯首罗天的原型为湿婆。克孜尔壁画中蓝色的摩醯首罗天形象见于 224 窟，但未见图像的出版物，目前所能见到的是格伦威德尔的记载。[4] 而其他石窟中出现的摩醯首罗天多为红棕色或者黑色（推测为红棕色的变色）。湿婆是印度教中的毁灭神，通常认为湿婆是由楼陀罗演变而来的。在《梨俱吠陀》中，他是位弓箭手，有红棕色的肤色（即印度土著人的肤色），形象怪异，令人生畏。但原始湿婆的肤色是黑色的，与今天南印度达罗毗荼人的肤色差不多。不过，后世印度

1　郭良鋆. 帝释天和因陀罗 [J]. 南亚研究，1991（1）：54-55.

2　陈清香. 云冈石窟多臂护法神探源——从第 8 窟摩醯首罗天与鸠摩罗天谈起 [C]//2005 年云冈国际学术研讨会论文集（研究卷）. 北京：文物出版社，2006：293.

3　大正藏：第 54 册 [M]. 東京：大正一切经刊行会，1924：576.

4　格伦威德尔. 新疆古佛寺 [M]. 赵崇民，巫新华，译. 北京：中国人民大学出版社，2007：297.

图 2.1-7 巴拉瓦斯特佛寺出土帝释天像

图 2.1-8　丹丹乌里克出土摩醯首罗天像　　图 2.1-9　巴拉瓦斯特佛寺出土摩醯首罗天像

神话中湿婆神的肤色既不像达罗毗荼人那样黑，也不像雅利安人那样白，而是介于黑白之间的烟青色。郭良鋆认为，这种肤色特征反映出雅利安种族和土著之间的融合。[1] 根据《大智度论》记载，摩醯首罗天的形象为三目、八臂，骑白牛，执白拂，呈天人像。[2]《迦楼罗王及诸天密言经》载："左边惹野天王，即大自在天王也。通身青色，三面，正面作天王形，右边头如夜叉形，而见忿怒相，露出牙齿，左边头作天女形，美貌红白，三面皆具天眼蠡髻宝冠，首圆光而作赤色，四臂左上手柱三股叉，下掌金君持瓶，右上手持花供养本尊，下持数珠，当心。"[3] 烟青色的摩醯首罗天更多出现在丹丹乌里克出土的绘画遗存中（图 2.1-8），而另一例从巴拉瓦斯特佛寺出土的摩醯首罗天像（图 2.1-9）褪色较明显，难以判

1　郭良鋆. 印度教三大主神的形成 [J]. 南亚研究，1993（4）：59.
2　大正藏：第 25 册 [M]. 東京：大正一切経刊行会，1924：73.
3　大正藏：第 21 册 [M]. 東京：大正一切経刊行会，1924：334.

断其色彩特征，但从其右侧所显示出的黄白色侧脸来看，原先为冷青色的可能性较大。

可以看出，克孜尔地区出现的那罗延天与摩醯首罗天，受到原始毗湿奴与湿婆的影响较大，其颜色与"味论"中的毗湿奴与湿婆相吻合。

（二）魔鬼之色

根据"妆饰表演"的化妆规则，恶魔一般为黑色（深色），这一色彩观也反映在克孜尔壁画中。克孜尔 17 窟主室券顶左侧绘有《须陀素弥王本生》，描绘了须陀素弥王一日携宫女赴城郊洗浴，时遇婆罗门向王乞求布施，王答应浴毕回宫布施，王正入浴，一罗刹王飞来将王劫走，图中棕黑色的罗刹与黄白色的须陀素弥王形成鲜明对比。除此之外，外道婆罗门、夜叉及鬼卒等反面角色也用蓝色、深棕色、绿色等深色系表现，这与"妆饰表演"中规定的角色与颜色的对应关系相一致。值得关注的是，克孜尔壁画中频繁出现的"小蓝人"（图 2.1-10），同时见于克孜尔第 224 窟、193 窟、34 窟、80 窟以及森木赛姆第 44 窟，学界一直

图 2.1-10　克孜尔第 224 窟壁画《啒婆罗似饿鬼缘》

未解开这一因缘故事的主题之谜。近年，任平山提出了有趣的看法，将之解读为"啁婆罗似饿鬼缘"主题。从出场的主人公啁婆罗均为蓝色的特征来看，这一肤色具有特殊意义并非随意而为。但纵观诸多佛经记载，尚未发现关于啁婆罗肤色的描写，只说他"举体粪秽，以涂其身，亦食粪秽，乘虚而行，臭秽苦恼，啼哭号呼"，其身体恶臭至极，连五百饿鬼都不愿靠近。为何这样一个恶心的角色却使用青金石如此昂贵的颜色来表现呢。笔者以为，古代画师有意避免描绘粪便的不雅画面，而以蓝色暗喻其恶心特征，这正符合了《舞论》之"味论"关于蓝色为厌恶味的表述，而厌恶味又分三类：恶心厌恶味、正宗厌恶味、恐惧厌恶味。看见粪便产生恶心厌恶味，看见流血等产生恐惧厌恶味。[1]

（三）阶级之色

人物的种姓、社会地位、命运不同，其肤色也不同。释迦牟尼在成道之前为太子，出身高贵，肤色黄白。在克孜尔227窟主室正壁的壁画《树下观耕》，表现的是释迦牟尼为太子时曾出城在路旁观看农夫耕地、杀虫，又看见农夫辛劳憔悴、汗流浃背、蓬头垢面，于是心生怜悯。图中树下观坐的释迦太子皮肤黄白，与不远处正在犁田的黑褐色农夫形成鲜明的黑白对比。而在《出游四门》（图2.1-11）中，释迦太子出游时遇见了老人、病人、死人，这些社会底层人的肤色均表现为深褐色。这些基于阶级、种姓、命运的肤色特征与《舞论》"妆饰表演"中将作恶多端者、鬼魅附体者、病人、苦行者、苦力或者低种姓者的颜色定为棕黑色的叙述相一致。

本节从戏剧与绘画关联视角，探讨早期佛教壁画中人物的肤色与梵剧演员化妆色彩之间的关联。以"铺"为单位的佛传故事配合表演，是梵剧表演的形式之一。因此，古老梵剧角色的化妆彩色规则是否体现在绘画人物的肤色中成为本书求证的焦点。比照《舞论》"味论"与"妆饰表演"的色彩理论，并将之与克孜尔壁画中佛传故事的人物颜色进行对照，发现二者基本吻合。首先，"味论"所

1　婆罗多. 舞论[M]. 尹锡南，译. 成都：巴蜀书社，2021：105.

图 2.1-11 克孜尔第 76 窟壁画《出游四门》

确定的神明与颜色同壁画中相应的神明与颜色基本一致，并且针对克孜尔一些尚存争议的人物颜色，也从"味论"的角度作出了合理的解释；其次，"妆饰表演"中规定的不同角色与颜色的对应关系也在克孜尔壁画中得到了体现，这进一步说明了壁画人物颜色与梵剧演员妆饰色彩之间存在关联；最后，《舞论》的色彩观不足以全面解释克孜尔壁画中的人物颜色。虽然《舞论》的色彩观与克孜尔壁画中出场的人物肤色存在吻合，但并不代表二者之间存在直接的关联，只能说明同为视觉艺术的戏剧与绘画，其中作为视觉识别符号的色彩存在相似性。况且，克孜尔壁画本身是多元文化与艺术的结晶，不仅受到印度的影响，还受到来自西面的伊朗、巴米扬、犍陀罗，以及东面的中国的影响。

第二节 印度艺术理论中的色彩观

　　在古代印度的艺术理论中，与造型艺术相关的色彩理论的引入主要有以下几个文本来源：《毗湿奴法上往世书》（Visnudharmottara Purāṇa）、《画业论》（Citrakarmaśāstra）、《迦叶波工巧经》（Kāśyapaśilpa）、《心灵之光》（Mānasollāsa）、《工巧宝》（Śilparatna）。《毗湿奴法上往世书》流行于拉贾斯坦、旁遮普和克什米尔地区，该书的编纂年代尚无定论，一种观点认为成书于628年至1000年之间；另一观点认为其上限可以追溯至5世纪，但该书中的色彩理论可以追溯至更早，因为它几乎毫无变化地引自公元前后成书的《舞论》。此外，从《毗湿奴法上往世书》中的神话历史来看，这类丰富的文献集成甚至可上溯至公元前3102年。[1]《毗湿奴法上往世书》由三部分构成，第一部分论述往世书（purana）的原则事项，亦即宇宙论、天文学、时间论、赞歌、祭祀的法则等；第二部分为法政、医药、战术、占星术等；第三部涉及语法、字典编纂法、韵律学、舞蹈、音乐、雕塑、建筑、绘画等事项。有关色彩的理论散见于第三部分（以下简称《毗湿奴》Ⅲ），该部分收录了《画经》（Citrasūtra），记载了美术创作相关的度量、法则、色彩等知识，对于理解古印度宗教美术以及早期佛教美术的造型与色彩具有重要的启示价值。《画业论》发现于斯里兰卡，成书年代为7—10世纪。《迦叶波工巧经》成书于11—12世纪，属南印度湿婆派阿笈摩文献；成书于12世纪的百科全书《心灵之光》，为托名南印度西遮娄其（Kalyani Chalukya）国的国君（Someśvara）所著；《工巧宝》成书于16世纪，流行于

1　施勒博格（Eckard·Schleberger）. 印度诸神的世界——印度教图像学手册 [M]. 范晶晶，译. 上海：中西书局，2016：12.

喀拉拉邦，为婆罗门所著，该书收录了一部重要的艺术理论著作《画相》
（Citralakṣaṇa）。

一、原色的理论

　　《毗湿奴》Ⅲ中涉及原色的理论分别出现在第二十七章和《画经》中。前者
将原色定为白色（śveta）、红色（rakta）、黄色（pīta）、黑色（krshna）、绿色（harit）
这五色，[1] 并强调通过这五色可以调和出世界上数不清的色彩种类。实际上，这
部分理论大量借鉴了古印度戏剧论《舞论》中"妆饰表演"的内容，不同的是《舞
论》中的原色只有白色、蓝色、黄色、红色四种。《画经》中的原色则为白色、
黄色、红色、黑色、蓝色这五种，[2] 虽然在颜色数量上与第二十七章相同，但色
相种类却有所差别。可以看出，白、黄、红为公认的原色。在《舞论》中黑色还
未进入原色行列，而在《画经》中蓝色替代了绿色成为原色（图 2.2-1）。

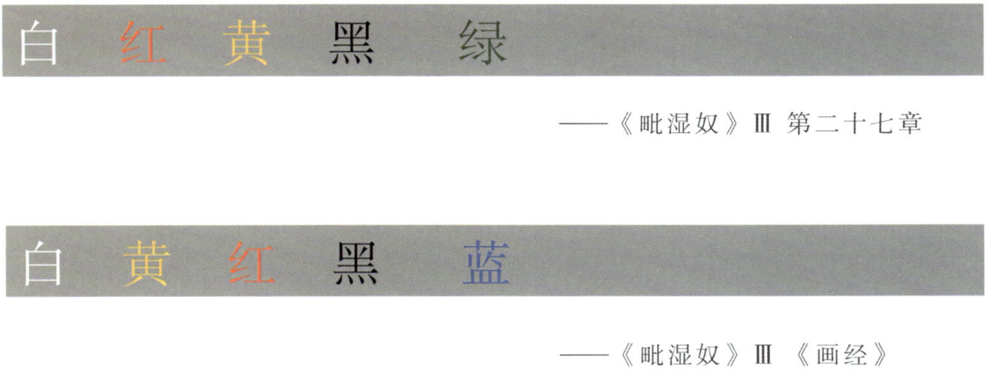

白　红　黄　黑　绿

——《毗湿奴》Ⅲ 第二十七章

白　黄　红　黑　蓝

——《毗湿奴》Ⅲ 《画经》

图 2.2-1　《毗湿奴》Ⅲ 中的原色

1　Stella Kramrish. The Vishnudharmottara (Part Ⅲ): A Theatise on Indian Painting and Image-Making[M]. Calcutta: Calcutta University Press, 1928：51.

2　定金計次. サンスクリット絵画論とインド古代壁画—理論と実際 [D]. 京都市立芸術大学，1989：57.

不仅如此，古印度不同时代的艺术理论对于原色的概念阐释也莫衷一是。例如，《工巧宝》将原色（śuddha varna）或纯色（mūla raniga）定为白色（sita）、黄色（pīta）、红色（rakta）、黑色（kajjala）、蓝或绿色（śyāma）五种色；而《画业论》中原色为白色（śveta）、红色（rakta）、黄色（pīta）、蓝色（śyāma）、深蓝色（krsna）和油烟黑（arjana）六种色。在这里，"śyāma"一词颇有争议，它既可以指蓝色也可以指绿色，而《工巧宝》中提到的另一种颜色夏摩果（śyāma-dhātu）中的"śyāma"所代表的颜色包含黑色、棕色、深绿色和深蓝色在内的所有深色。[1] 由此可知，śyāma 是一个既表示色相，也表示色调的词。此外，《心灵之光》将白色、红色、黄色、黑色四色定为原色；无独有偶，《迦叶波工巧经》在原色的数量上与《心灵之光》一致，并且规定了每种原色均有四种不同的色调。例如：白色分为珍珠色、海螺壳色、银子色或牛奶色、星星色；黄色分为金色、茶色、黄色、黄绿色；红色分为野兔血色、玫瑰花色、鹦鹉喙色、紫胶汁色；黑（蓝）色分为乌鸦色、云朵阴影色、孔雀色、黑蜜蜂翅膀色。现将以上各文献中的原色归纳（见表 2.2-1）。

表 2.2-1　古印度各经典文献中的原色名与色相种类[2]

文献	原色	成书年代
《舞论》	白、蓝、黄、红	2BC—1AD
《毗湿奴法上往世书》	白、红、黄、黑、绿	7—11 AD?
	白、黄、红、黑、蓝	
《画业论》	白、红、黄、蓝、深蓝、黑	7—10 AD
《心灵之光》	白、黄、红、黑	12 AD
《工巧宝》	白、红、黄、黑、绿/蓝	16 AD
《迦叶波工巧经》	白、红、黄、黑/蓝	11—12 AD

1　Isabella Nardi. The Theory of Citasutras in Indian Painting[M]. London and New York: Taylor and Fracis Group, 2006: 25-129.

2　Isabella Nardi. The Theory of Citasutras in Indian Painting[M]. London and New York: Taylor and Fracis Group, 2006: 126.

　　从表 2.2-1 可以看出，古印度的原色概念既区别于中国传统的"五色"（青、赤、黄、白、黑）概念，也区别于西方的"原色"（红、黄、蓝）概念。中华五色分别对应五行、五方，极具观念色彩；西方三原色是基于近代科学对自然光研究的结果。古印度对原色的理解以是否可以从自然界（矿石、土、植物、动物）中直接获得为第一要义，通过这些原色的相互混合获取间色和复色。这或许可以解释为什么白色和黑色会被列入古印度人的原色名单中，因为从油烟中提取的黑色和从海螺壳中提取的白色都非常容易获得，并可以与其他矿物质混合，形成许多二次色。例如在《工巧宝》中介绍绿色取之于大地，为原色；但在西方的色彩学中，绿色是间色（二次色）。而在《毗湿奴》Ⅲ 的《画经》中，绿色又成为间色，那是因为此时的绿色是由蓝色和黄色两原色混合而成。因此可以这样推测：那些未被列入原色名单中的颜色，或许基于当时的生产条件，还未能直接取自自然界，又或者需要通过混合取得。在所有对原色界定的文本中，白、黄、红似乎是公认的"三原色"，分歧主要在蓝色、绿色、黑色的区分上。śyāma 在不同文本中代表不同的颜色，也可以表示色相的明度或者色调。例如在《迦叶波工巧经》中提到的四种深色分别是 nila、śyāma、kāla、krsna。nīla 象征着云朵的阴影色，śyāma 象征着森林中乌鸦的颜色，kāla 象征着孔雀的颜色，krsna 象征着黑色蜜蜂翅膀的颜色，这里的 śyāma 则代表深色。[1]

二、间色与复色

　　与原色相对的是间色、复色，间色是由两种以上的原色混合而成的二次色。早在公元前后的《舞论》中就已经明确提出了间色（sanyogja）和复色（upavarna）的概念，并列举了常用的色彩混合种类。《毗湿奴》Ⅲ 第二十七章言："想要列举出世界上所有颜色的混合是不可能的，它们都是由两种或三种（原色）的混合以及通过变换各种状态或条件（例如深浅、色调）而研配出来的混合色。（哦）

1　Isabella Nardi. The Theory of Citasutras in Indian Painting[M]. London and New York: Taylor and Fracis Group, 2006: 129.

最伟大的国王，现在我要告诉你们关于暗色（śyāma）和亮色（gaura）的划分，这是因为这两种色非常适合混合不同的颜色，这也就解释了为何所有颜色都会有双重色彩。"[1]

这里同样涉及了间色与复色的阐释，并有意识地区分不同颜色的明暗，将之用于改变间色或者复色的色调。在这里，"śyāma"一词所指的是暗色系列的颜色，因为它可以细分为十二种：暗红棕（mudga）、暗褐色、黑芽绿（dūrvā）、浅灰色、黄褐色、黄玉色、黑蔓藤、猴子黑、蓝莲色（nīlotpala）、蓝色鸟之色（nīlahantha）、紫莲花色（raktotpala）以及乌云色。"gaura"一词指的是明亮的白色系列，它可分为六种：亮金（白金）、亮（白）、牙白、纯檀香白、秋云白、秋月白。这些颜色的应用是与（各自）物体的颜色相一致的，并通过颜色的混合使之达到美观的效果。《毗湿奴》III第二十七章虽然没有明确告诉我们间色的具体调配方法，但可知暗色（śyāma）和亮色（gaura）非常适合与其他颜色相互混合，从而产生不同色调。实际上，《舞论》中不但详细介绍了间色的具体调配方法，甚至还涉及混合的比例关系的介绍。例如：白色与红色混合生成红莲色；白色与黄色混合呈现淡黄色；黄色与蓝色混合产生草绿色；蓝色与红色混合产生暗红色；红色与黄色混合产生橙色。并进一步指出各种颜色在混合时的比例关系：强色与弱色的比例为1∶2；而蓝色与其他颜色混合的比例为1∶4，因为在所有颜色中，蓝色以强烈著称。《画经》也暗示了间色与复色的调配方法，以及复色的明暗变化等知识。例如：将蓝色与黄色混合可以得到叶子般的绿色，将这种纯粹的绿色与白色混合，能得到比蓝色更好看的颜色。（颜色）不止一种色，对应的颜色会有白色多一些、白色少一些或三种相同含量。由此可见，通过白色加入的多寡，可以改变间色或者复色的亮度，产生更多的色彩种类。

古印度不仅区分了间色与复色，还对二者经过混合以后产生的色彩上的明暗差别进行了更为细致的划分，因为这种细分与形象的刻画息息相关。正如《画经》在关于壁画中人物描绘的阐述中明确指出："应当显示出画像肤色应有的深

1　Stella Kramrish. The Vishnudharmottara (Part Ⅲ): A Theatise on Indian Painting and Image-Making[M]. Calcutta: Calcutta University Press, 1928: 32.

（śyāma）浅（gaurī），它的样子在前面的舞蹈细则里已经被我解释过了。"[1] 这句话暗示了戏剧用色与绘画用色在表现上的相通性，有助于我们理解早期佛教绘画的设色规律与应用规则。有关间色的详细介绍将在第三章第一节作进一步叙述。

三、人物的颜色

古印度对原色的界定显示了对自然的尊重，不论是舞论还是画论，始终强调色彩运用应与物体的自然颜色相一致，并通过颜色的混合使之达到美观的效果。当然，客观存在的物体是肉眼可见的，但神祇与鬼怪的颜色又如何表现呢？如前所述，古代印度的原色是指直接取之于自然界的各类颜色，同时也象征着古印度人宇宙观中与自然界紧密相关的主要神祇。在婆罗门教和印度教中，主要神祇的色彩表达大多源于自然界的色彩。例如，覆盖着白雪的喜马拉雅山象征着来自上天纯洁的祝福，因此成为破坏与再创造神湿婆的颜色；而红色、黄色象征太阳，成为创造神梵天的颜色；蓝色为天空之色，代表了保存神毗湿奴的颜色；黑色象征空间，在印度教中黑为创世前的状态，因此黑地之母伽犁女神为黑色。除主要神祇以原色表现以外，神明与恶魔、富贵与贫贱的对立关系，则反映在间色或复色所形成的白色（亮色）与黑色（暗色）的对比中。关于人物颜色的表现规则，《毗湿奴》Ⅲ第二十七章完整地继承了《舞论》的"妆饰表演"，这一部分内容在本章第一节已有过详细介绍，在此不再赘述。

《毗湿奴》Ⅲ《画经》部分主要是关于绘画的理论。关于原色、间色的理论前面已经有所阐述，而形象的塑造着重介绍了各种度量标准，并以人间的五类男子形象为原型，其他人物的塑造分别以这五类男子的度量为参照。五类男子分别为天鹅型（hamsa）、吉祥型（bhadra）、摩罗维耶型（malavya）、光辉型（rucaka）、幼兔型（sasaka）（图 2.2-2）。《画经》中未对五类男子以外的人物颜色作详细的阐释，这些人物是否也遵循五类男子的标准不甚明了。因此，本书通过归纳五类男子度量所对应的人物颜色，将之与《毗湿奴》Ⅲ第二十七章规

1　段南．再论印度绘画的"凹凸法"[J]．西域研究，2019（1）：123.

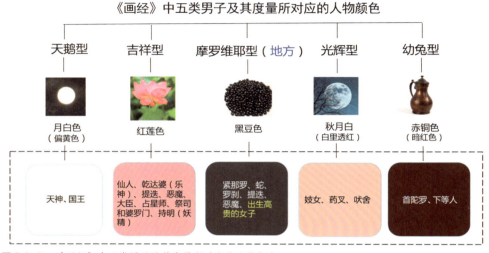

图 2.2-2   《画经》中五类男子及其度量所对应的人物颜色

定的人物颜色进行比较,以此判断《画经》中的人物颜色与五类男子是否相对应。《画经》中关于五类男子所对应的人物颜色的表述如下:

> 天鹅型男子眼睛温柔,脸似明月,臂如蛇王,步若天鹅,妙腰俊容,强壮有力;吉祥型男子发遮双颊,步若大象,极为睿智,壮臂浑圆,面如红莲;摩罗维耶型男子犹如黑豆,腰身苗条,身形俊朗,垂手及膝,双肩宽阔,长有象鼻,下颌丰满;光辉型男子白里透红,颈如贝壳,机智非凡,颇有勇气,勤勉精进,强壮有力;幼兔型男子黑里透红,微露牙齿,脸庞丰盈,眼睑阔大,机智伶俐。[1]

将《画经》部分五类男子所对应的人物颜色与《毗湿奴》Ⅲ第二十七章中的人物度量与颜色进行归纳,见表 2.2-2。

---

1   尹锡南 . 印度古代绘画论经典——画经 [J]. 东南亚研究 .2017(2):102.

表 2.2-2　《画经》与五种男子的度量相对应的人物颜色

类型	颜色	对应的度量（色彩）	备注
天鹅型	月白色 （偏黄色）	天神、国王、乾达婆、蛇神	众天神、纳加（蛇神） 国王与第二十七章所述相同
吉祥型	红莲色	仙人、乾达婆（乐神）、提迭、 恶魔、大臣、占星师、祭司和婆 罗门、持明（妖精）	乾达婆和天采女有各种颜色
摩罗维耶型	黑豆色	紧那罗、蛇、罗刹、提迭、恶魔	罗刹、恶魔与第二十七章所述相同
光辉型	秋月白 （白里透红）	妓女、药叉、吠舍种姓	吠舍与第二十七章所述相同
幼兔型	赤铜色 （暗红色）	药叉、下等人、首陀罗	首陀罗与第二十七章所述相同

　　从表 2.2-2 可以看出，《画经》中五类男子所对应的形象中，其颜色虽然没有明确是否也遵循五种男子类型，但对照第二十七章所阐释的颜色特征来看，仍具有明显的关联性，尤其是对低种姓人物颜色的描述基本与第二十七章以及《舞论》第二十三章中的阐述一致。此外，当然也存在不遵循度量与色彩的形象表现，例如毕舍遮、侏儒、驼背和摧伏者（妖精）等。还有，一些随从的色彩与其主神一致，例如毗湿奴在常态下为青莲色，其随从也表现为黛绿或者青莲色；爱神的随从与爱神一样同为青玉色。现将这些形象的颜色进行归纳，见表 2.2-3。

表 2.2-3　不遵循着色规则的人物颜色特征

颜色	形象	备注
自由色	毕舍遮（饿鬼）、侏儒、驼背、摧伏者	不遵循度量和着色的规则
黛绿（青莲）	毗湿奴的随从	这些随从的颜色与其主神光色一致
青玉	爱神的随从们	
赤铅	爱神之子的随从	
明月	大力罗摩的随从	
豆绿色	骑象者	

四、色彩的晕染

　　《画经》第四十一章包含描绘阴影色调的三种方法，中外学者对这一部分内容的翻译与诠释莫衷一是。有些将其解释为"凹凸"画法，有些则解释为线条的表现方法。日本学者定金计次将"vartanā"译为"彩色的笔法"，可以理解为色彩的晕染技法，这一观点目前获得较多认可。色彩晕染法有三种：叶筋法（patrajā）、连贯法（acchaidikā）和点生法（land bindujā）。[1] 叶筋法是用没有画完整的线条表示，可理解为用短线条交错排列形成叶脉的网格状；连贯法（acchaidikā）则是通过线条连续排列来晕染颜色，这种笔法非常精细；点生法（land bindujā）是通过点的疏密分布来实现色彩的晕染渐变。在表现技法上，《工巧宝》解释说，为了达到凹凸的特殊效果，专业的画家应该用一个平刷慢慢地、一尘不染地填充颜色。任何东西都应该通过明暗和刚柔的对比，增强视觉美感，在单一颜色的应用中，颜色较厚处显示的效果较暗，而较薄处颜色显示的效果较为明亮。这种效果也可以通过不同的颜色来实现。黄色代表明亮，红色代表黑暗。边界线应该采用油烟色（kajjala-varna），使用精细的刷子仔细地描绘出来。上述的三种色彩晕染技法，在古印度与中亚地区壁画中依然有可供参照的实际例子。在阿旃陀壁画中，可以看到类似连贯法与点生法的阴影晕染法（图 2.2-3）；叶筋法主要应用在印度拉杰普特细密画的帕哈里派中（图 2.2-4）；而克孜尔壁画中的阴影晕染法似乎更接近连贯法（图 2.2-5）。但是，阴影的色彩晕染主要是为了表现体积感，颜料、胶结材料、画笔的情况不同绘制方式未必一成不变，没有理由生搬硬套地对应这三种染法。

　　本节从色彩学的角度分别分析了《毗湿奴》Ⅲ中戏剧与画论的色彩理论及其应用的规则。戏剧色彩规则主要应用于演员的化妆，画论色彩体现了绘画创作的

1　关于《画经》中涉及的"vartanā"的三种画法的翻译，学界存在不同的解释。如叶筋法（patraja）、晕染法（airika）、斑点法（vinduja）；贝叶法（patraja）、连贯法（acchaidika）和露滴法（binduja），本书参照段南《再论印度绘画的"凹凸法"》中的翻译，结合日本学者定金计次的日文翻译，以及英文文献对其进行诠释。

图 2.2-3　金刚手菩萨，阿旃陀 1 号窟

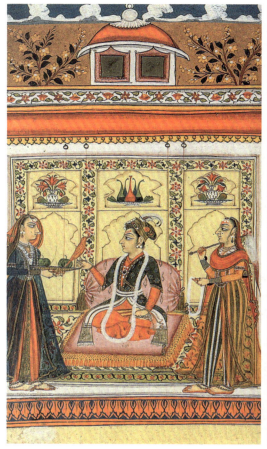

图 2.2-4 小鸟与嬉戏的王子，印度拉杰普特帕哈里派细密画，18 世纪

图 2.2-5 天女，克孜尔第 14 窟壁画

彩色表现。古印度的舞论与画论在品评、审美标准上都具有较强的关联性，正如《毗湿奴》Ⅲ第二章中当金刚王请求传授《画经》时，仙人摩罗根德耶告诉他："国王啊！不了解《舞论》，就不能正确地理解《画经》，因为绘画和舞蹈都是表现这个世界"。[1] 如上所述，《毗湿奴》Ⅲ戏剧部分的色彩观引自公元前后的《舞论》，而《舞论》成书时的印度社会，宗教领域也发生了很大变化，婆罗

1　Stella Kramrish. The Vishnudharmottara (Part Ⅲ): A Theatise on Indian Painting and Image-Making[M]. Calcutta: Calcutta University Press, 1928：3.

门教开始吸收民间信仰以争取群众，约在 4 世纪逐渐演变为新婆罗门教，即印度教；而此时期，佛教逐渐由小乘向大乘演变，吸收婆罗门教的宗教礼仪与咒术密法，佛教徒开始使用梵语写经。因此，《舞论》的色彩理论对于早期宗教美术的色彩应用具有重要的指导意义，这一点在早期佛教、印度教以及密教美术中都有所体现。

第三节 《画经》中的造型与色彩观

　　《画经》（Citrasūtra）是指收录于《毗湿奴法上往世书》（Visnudharmottara Purāṇa）第三部分第三十五章至第四十三章的内容，关于这部分内容的编撰年代尚无定论，约形成于公元 500—900 年。《画经》以印度婆罗门仙人麾罗根德耶教导金刚王学艺的对话形式展开，极具神话色彩。《画经》阐释了印度古典绘画的度量、规范、材料与技法，代表了笈多王朝（320—600）的艺术见解。相对于希腊拉丁语文献介绍石灰以及大理石上的绘画技法而言，《画经》主要讲述的是粘土地仗的干壁画技法。因此，对于缺乏材料与技法相关研究文献的中亚地区壁画而言，《画经》有着重要的研究价值。

　　关于《画经》的国内外研究现状，1928 年，史塔拉·克拉姆里奇（Stella Kramrisch）博士英译的《毗湿奴法上往世书》由加尔各答大学（University of Calcutta）出版；1988 年，日本学者定金计次对《画经》进行了整体翻译；国内学者在描述具体的绘画表现技法时，对《画经》也有所涉及（王镛，1998）。2017 年，尹锡南对《画经》的大部分章节进行了翻译，但未包含与绘画密切相关的第三十九、四十章内容，此部分内容涉及绘画创作的人物造型、壁画的地仗加工技术以及色彩技法等，包含的知识点丰富，信息量非常大。鉴于此，本节以《画经》的日译本为基础，同时参照英译本内容，对《画经》第三十九、四十章进行补充翻译，以展现《画经》的整体内容。在此基础上，结合古代绘画的实际例子对相关内容作比较分析。

一、笔者译《画经》第三十九章 [1]

摩罗根德耶说——

1 优美的姿态各具特色，共有九种姿态，它们有吉祥的形式与手势，请听我依次道来。

2 第一种为正面姿态（rjvāgata），其次为半正面姿态（anrju）、侧脸姿态（Sācīkrtasarīra）、半眼姿态（ardhavilocana），

3 此外，有被命名为侧身（pārsvāgata）的姿态，还有转身姿态（parāvrtta）、背影姿态（prsthāgata），以及上半身扭转姿态（parivrtta）、完全弯曲姿态（samānata）。[2]

4 （绘画）中九种姿势各有变化，大地之主啊！它们各自的定义，国王啊！请听我一一道来。

5 首先，正面姿态具备（脸）朝正面、尺寸清楚的特征，且形象完整，肢体看起来令人惬意，色彩鲜艳而没有污垢，

6 这个姿态纯粹优美，线条清晰，在这个姿态中，正因为身体任何部位都没有缩小或缩短，才称为正面姿态。

7 其次是半正面姿态（anrju），脸部几乎不缩短，胸部与腹部亦如此，但腰和肩膀以及大腿则进行缩短，

8 鼻翼、上下嘴唇缩短四分之一，这是智慧的人啊！此外手足也缩短三分之一，

9 姿态优雅，身姿绰约，使其位于（画面）的正确位置。如此才能称为半正面姿态（方向不正），并具备各种动态。

10 侧脸姿态身体倾斜，进行晕染使其看起来美丽、惬意、线条柔和，四肢全部缩短四分之一，使其端正，

11 近侧的眉毛和额头全部画出，而远侧的只画一半，近侧的鼻子也

---

1 笔者译《画经》中诗节、分段、标点皆同《画经》日译本。

2 第2、3诗节中的姿态名称原文有部分错误，译文对照第5诗节以后各种姿态的详细解说进行修正和记录。

全部画出，远侧的则只画一半，（脸部）其他部分缩短四分之一，眼睛小部分缺失，

12 眉线若隐若现，用柔和的线条进行描绘。眼睛不能画出阴影，也不该像愤怒那样直视前方（anrju），

13 根据这些情况，国王啊！侧脸姿态（身体倾斜）为世人所言。

（半眼姿态）脸部上远处的眼睛画一半，眉毛也是如此，

14 额头少量缺失，鼻子只见半边，（远处）脸颊宽度也只见半边，另一半也缩短。

15 （远处）的颈部（喉咙）线条只画一半，下颚也只画一"matra"（计量单位），胸部的前半部分有一半看不到，肚脐只保留一拇指（angular），

16 腰（近侧）全部画出而远侧只画一半，使其从外部看不见。（adhyarardhaksa，保留一只半的眼），半眼姿态（ardhavilocana）只有一半的眼，应该知道是这样的形态。

17 此外，有时也称此为 chāyāgata（由影子构成）。

可以看见右侧或左侧，

18 （侧身姿态）单侧的所有部分都缺失，肢体动作也是一样，只画一只眼睛、一侧的眉毛、上下嘴唇及额头也只画一半，

19 只画一侧耳朵、下巴，头发也只画一半，要具有合适的量度、美和优雅等的品德，

20 所谓的侧面姿态，也被称为"bhittika"（墙壁，或分离）。

背部（？）[1] 稍稍缩短，下巴（喉咙）也一样，

21 下巴、脸颊、额头部位稍微缩短，前臂、胸部、腰的突出部分以及阴部的表面，

22 缩短八分之一，根据不同部分进行相应的缩短，给予不同尺寸，使四肢大幅缩短。

23 这种姿势，称为背影姿态。

---

1 这部分原文是"apākruddhe"，很有可能是误写。

背部显示出吸引人心的体格，

24　具备弯曲的眉毛和柔软的四肢、关节都应该被遮住，脸上只见眼梢，

25　只显示腹部的侧面，它应该看起来十分坚固夺目，具有尺寸合适、优雅等品格，

26　（这种姿势）在绘画、捻塑（浮雕）等领域，以上半身扭转姿态（从背面）来确定。

上半身缩短四分之一，（姿态）坚定，

27　站起来回头看（朝向远方？）的上半身，应该根据身体的转动画出各个部分。上半身和下半身前面应该画出一些阴影。

28　即使是同样的形状，减去四分之一也会变得乏味粗野，因此身体的中央（腰部）附近要画得看起来令人愉快，要酌情不进行缩短，

29　应该表达出画家所应该知道的东西。[1]

臀部要画出来，足底也要画出来，

30　上半身缩短一半，腰部应当一览无余，虽然看不到脚趾的背面，但要看到双脚的背面，

31　使其对称，具备一切，外表看不出恐惧，可以看到前臂，看不到脸和头，

32　应该知晓看不到小腿的一侧，被称为完全弯曲姿态姿势。[2]

如上所述，这九种姿态都已言明，

33　虽然它们被区分出来，但你应当按正确的顺序了解这九种姿势。应明智地辨别这许多的变形，

34　应根据各种场景适当地进行创造。你要经常在画面上描绘合适的尺度，

35　应当用合适的尺度画出这些姿势，使之具有画德。这九种姿势无论在何种情况下，都要毫无纰漏地描绘。

1　很难判断这个姿势是单纯地向后面倾斜，还是上半身回头的动作。但是根据所列举的各种姿态，大致是从面向正面到面向背面的顺序排列的。

2　从该段内容可以看出只有这个姿势和其他不同，伸出脚尖欠身低头，从后面看形状特殊。

36 除此以外没有其他姿势，不断穿梭于静止与运动的生物世界。

37 通常基于尺度的特性，可将不同的画分为最上、最下、中间三种。尺度也有三种。（？）

38 缩小和放大就是全部，国王啊！请听我对你说。接下来我将按顺序讲述缩小与扩大的法则，

39 精通绘画的人，应充分知晓与上述不同的方法，知晓缩小与放大的方法。共有十三种缩小与放大的方法。

40 （其中）根据各种姿态所对应的四肢和身体的细节产生了这些方法。最初的姿态是 drstagata（由被观察的东西开始？），ararjugata（由脱离正直的朝向开始），

41 madhyārdhārdha（中间的四分之一），还有 ardhārdha（四分之一）、sācīkrtamukha（斜着脸）、nata（弯曲）、parāvrtta、背影姿态（prsthāgata），

42 pārsvāgata 是应该知道的。还有 ullepa（涂绘）、calita（能动，能走）、uttāna（向上）以及 valita（旋转），以上就是这十三种姿势。

43 国王啊！这些姿势全都尽可能忠实地表现其命名，那么各种 mandala（表演用语，组合的动作）[1]，可以表示 vaisākha，（表演用语，两脚张开呈射箭的姿势）与 prātyalīdha（表演用语，左脚向前作射箭的姿势）的动作和步行。

44 两脚是直的，还是只有一边（单脚）是直的；是站着的（静止不动）还是在动的，两脚是伸直站着的，还是没伸直站着的，都应该有两种姿势。

45 大致将正面朝向的定为脚是笔直的姿势。mandala 应该排第二（上述一对动作的后面）。其他的姿势，

46 只有一只脚伸直，动作多样。在这里，ālidha（表演用语，右脚向前的姿势）、prātyalīdha 是射手的，

47 摇动，如同母牛的尿流般（锯齿形）不规则地行走，用剑和盾武装起来的人一边走一边疲惫地摇摆着，ālidha 的姿势中只用单脚走路，

1　关于 mandala 以下的表演用语，参考《舞论》（NātyaSāatra）的第十一、十二章。

48　拿着矛、标枪、枪、小标枪的人跳跃起来，这也是拿着铁饼、戟、棍棒和枪的人的姿势。

49　（运动的姿势是）单脚笔直，另一只脚看起来疲倦，身体奔放，虽然看起来毅然，但有时看起来像要逃跑。

50　恋爱的游戏令人心乱如麻，臀部丰满，一只脚牢牢地踩地，女子的样子应由贤者来描绘。

51　考虑到由于年龄和性质，大地上有尺寸较小或过大的人，我们应通过对有智慧的贤者进行缩小、放大，来表示正确的度量。

以上就是根据摩罗根德耶和王的问答所著的《画经》中名为"缩小与扩大"的第三十九章的内容。

二、笔者译《画经》第四十章

摩罗根德耶说——

1　在三种砖块粉末中撒上三分之一量的粘土，加入沉香树脂[1]、蜂蜡、蜂蜜、乳香及糖浆，

2　在红花（红花油？）中混入胡麻油后，等量加入（砖和粘土混合物）混合物中。再将烧过的石灰（生石灰）加入三分之一的混合物中，进行粉碎。

3　（在其中）混入一半的避罗树（bilva）果[2]，接着加入粉碎了的试金石，然后贤者可以根据自己的方式加入适量的沙子。

4　接着，加入一半的水，泡在粥里。充分浸湿后全都放置一个月。

5　一个月后，里面的东西已变得柔软，将其小心取出，熟练的人可以在干燥的墙壁上试涂之后，进行整体涂抹。

6　为了使（墙面）涂抹平滑且整齐，既坚固且无凹凸，不宜涂得过厚或过薄。

1　学名为 Amyris Agallochum。
2　学名为 Aegle marmelos，近代词名 bel。

7 涂抹的墙壁干燥后，当（表面）粗糙时，用混合了婆罗树（sāla）的树脂和胡麻油的抹墙土抹墙，

8 尽力使其平滑。多次涂抹使其变得光滑。（在涂好的墙壁上）不断洒上牛奶，小心擦拭。

9 墙壁干了的话，国王啊！百年之后也绝不会毁坏。

10 使用正确的方法，用两种色彩，就能创作出美丽如画，各种各样的宝石地（犹如镶满宝石的地面）。（？）

11 墙壁干燥后，在有画德的月宿、吉兆的日子里，（画家）为了作画，穿着特别的自制白衣，

12 （心怀恭敬地）供养着祭司们，唱诵着祝词，在对将精通绘画的画师恭敬地行礼后，

13 面朝东方向诸神祈祷，就可以进行绘画制作。手持白色、红褐色或黑色的画笔，按照正确的顺序，

14 描绘草图，贤明的画师会确定（对象最优化）尺度和位置。如此，使用颜料对应着姿态进行着色。

15 （对象）的色彩若有明暗，也应该在（画中）表现出来。关于色彩的特征，我已详细说明，国王啊！

16 基本色定为五色，白、黄、红、黑、蓝五色[1]，国王啊！（这些）可变为上百种颜色。

17 首先要辨别不同色彩，还要想象（要描绘）的情景，用自己的智慧创造成百上千种色彩。

18 据说蓝色与黄色混合产生叶（的绿色），在这个颜色中，纯粹的（绿）与白色混合，能得到比蓝色更好看的颜色。

19 （颜色）不止一种色。对应的颜色会有白色多一些、白色少一些（暗一些）或者含量相同这三种。

20 若是一种颜色再强加其他颜色的话，会有各种各样的变化。根据

---

1 《毗湿奴法上往世书》第三部舞蹈论第 27 章第 8 诗节，蓝色被绿色取代。

这一方法，可以制造出黍穗（dūrva）[1]草的黄色（更偏绿）、乌头蕨（kapittha）[2]树果实的鲜亮绿色、

21　木槿花豆本来的绿色，国王啊！混合了白色的蓝色会有多种变化，

22　按比例调整两种颜色多、少，或等量，经过正确的思考，就会得到如青莲或者豆子（或是绿色的松鸦、青雀）一般美丽、

23　悦目的（蓝）色。将胭脂与白混合，在胭脂上覆盖红松（rodhra）[3]树（制成的红色粉末）而成的，

24　红色，犹如赤睡莲般暗红美丽。以这种方法还能创造出许多不同的颜色。

25　颜料中，有金、银、铜、云母、金青（青金石）、铅丹、锡（或铅），

26　还有雌黄、白土、胭脂以及朱砂，国王啊！还有蓝，最优秀的国王啊！还有其他很多东西，

27　国王啊！每个地方都有这些。应将颜料与黏合剂混合。关于金属（颜色），应将其锻打成箔，或将之变为液体。（？）

28　应熔化密封在金属内的云母。（？）

这样金属就会适合用来作画。

29　云母的熔化，来自水银，是来自大地的产物。（？）

而兽皮煮的汁（动物胶）或是 bakula[4] 树的树脂则是为了固定颜料。（？）根据各种颜色，希望使用 sindūra（意思不明）[5] 的液体。（？）

30　将 mātanga 与 dūrva 的草汁涂在板上，用最上等的毛绘制在板上，用水洗也不会消失。经久耐用。

以上就是根据摩罗根德耶和金刚王的问答所著的《毗湿奴法上往世书》第三部分《画经》中名为"色彩混合"的第四十章的内容。

1　学名为 Panicum dactylon（黍穗）。
2　学名为 Feronia elophantum（乌头蕨）。
3　学名为 Symplocos rasemosa（红松）。
4　学名为 Mimusops elengi（牛乳树）。
5　sindūra 通常指铅丹，但从前后文来看，翻译为铅丹还是有些不确定。

三、关于姿态与色彩的解析

　　《画经》第三十九章第 1—36 诗节是关于艺术创作中人物的九种姿态与绘制技法的介绍，九种姿态分别为正面姿态（rjvāgata）、半正面姿态（anrju）、侧脸姿态（Sācīkrtasarīra）、半眼姿态（ardhavilocana）、侧身姿态（pārsvāgata）、转身姿态（parāvrtta）、背影姿态（Prsthāgata）、上半身扭转姿态（parivrtta）和完全弯曲姿态（samānata）。这些姿态的形成依据观者视角的移动而产生。具体而言，如果将正面姿态分为五分，随着视角的移动，形成从正面到五分之四侧面、五分之三侧面、五分之二侧面、五分之一侧面以及正侧面等姿态（图 2.3-1）的转变。除《画经》以外，《心灵之光》（Mānasollāsa）《工巧宝》（Śilparatna）也有关于人物姿态的记载。例如，《画经》中的侧脸姿态（Sācīkrtasarīra）在《心灵之光》《工巧宝》中给出了绘制侧脸姿势的具体结构与方法，而《画经》则指出如何描绘这一姿态的"三道弯""两道弯"的局部侧视图。这些造型可以在阿旃陀第 1 窟壁画中的菩萨（图 2.3-2），以及第 17 窟壁画中的帝释天、佛陀等形象中看到对应的特征。从第 37 诗节开始介绍造型的尺度，根据不同的尺度，将

图 2.3-1　《画经》中的人物姿态示意图

图 2.3-2 阿旃陀 1 号窟壁画

绘画分为最上、最下、中间三种，以及造型的缩小与扩大的十三种法则。即根据表现对象的年龄和角色性质决定其尺寸大小的表现方法。本部分内容较费解，需要结合当时的美术作品作进一步的解析。

《画经》第四十章虽以"色彩混合"为主题，但第1—9诗节主要介绍了壁画地仗加工的材料与技法。首先，使用砖块粉末与粘土混合，并混入沉香树脂、蜂蜜、乳香等有机材料使其凝固。接着再加入与上述混合物等量的干性油、生石灰、试金石、沙等物质，再将这些材料放在谷物类作物的粥里浸泡一个月，之后将之涂抹到墙壁上；其次，在上述干燥的基底上，用树脂和胡麻油混合后反复涂抹于墙壁，使壁体表面光滑平整，胡麻油为半干性油，干燥速度较缓慢，推测这一方法是为了防止壁面产生龟裂；最后，待墙壁干燥平整后，再反复撒上（牛）乳液，小心擦拭。乳制品中蛋白质约80%为酪蛋白，因酪蛋白不能直接溶于水，通常要加入碱性中和剂使其具备水溶性，这一过程叫作"糊化"。中和剂多使用石灰、氨、硼砂等，作为胶结材料使用历史最悠久的是石灰酪蛋白糊。在墙壁上撒上牛乳，是利用酪蛋白与壁画中的石灰发生中和反应，形成隔离层。这样可以减缓墙体对颜料中胶液的吸收速度，起到防止颜料晕化的作用。由此可见，古代印度壁画地仗的加工技术已经相当成熟，正如《画经》所言，使用此法加工的墙壁坚固无比，可历经百年而不毁。20世纪60年代，印度考古局的科学调查显示，阿旃陀与埃洛拉石窟的墙壁为石灰地仗，这一点与《画经》的记载相吻合。在7—9世纪的巴米扬壁画中，地仗下层检测出天然树脂，上层则检测出动物性蛋白质与植物多糖类混合物。据此推测，地仗在加工之初曾在墙壁表面使用乳液进行了涂绘，这些检测结果与《画经》所记载的地仗加工方法颇为吻合。或许是由于地缘的关系，古代巴米扬与印度在壁画的绘制技法上存在共性。第10—24诗节阐述了作画前的仪式、原色种类以及调色的技巧等，原色有红、黄、蓝、白、黑五种，这些颜色种类与阿旃陀壁画中的颜色相符。通过五种原色的相互混合，可以产生几百种间色以表现世间万物。

第25—27诗节介绍了古代绘画所使用的各种彩色材料，这些材料在阿旃陀以及中亚地区的佛教壁画中被普遍使用。除此之外，关于金属材料种类与加工方法的记载极具史料价值。除金、银、铜之外，还包含了锡作为绘画材料的最早记载。使用锡箔的实际画例，请参见本书第三章第四节的内容，在此不作赘述。第29 诗节介绍了兽皮胶与牛乳树（bakula）两种胶结材料。动物胶是中亚地区干壁画中使用最普遍的胶结材料；牛乳树原产印度半岛沿海地区以及斯里兰卡等热带地区，其树干割乳汁可提取硬胶和制漆，但目前为止尚未在相关分析报告中发现其作为胶结材料的实例。值得注意的是，克孜尔石窟存在少量以植物胶为胶材料的画例，而巴米扬壁画中则存在较多以干性油作为胶结材料的画例。

由于梵文原典为韵文，《画经》不同译本之间存在较多分歧，理解起来比较晦涩。笔者在对照其他章节内容的多种译本时，也发现有若干表述以及意义不同之处，期待将来能将各版本与原典进行系统比对，以求更全面、准确地理解《画经》的内容。即便如此，《画经》关于绘画度量、法度、审美、材料与技法的记载，对于理解古代印度以及中亚地区的早期壁画，仍具有无可替代的史料价值。此外，植物油、酪蛋白、金属等材料与技法的记载，显示出坦培拉绘画的技术特征，展现了古代印度绘画对东西方美术的双向影响。

第三章
作为文化的色彩与技法构造

从地中海沿岸到中亚的广袤地域，虽存在文化与宗教信仰差异，但古典美术在材料上具有相同的特征。南亚次大陆的印度文明孕育了成熟的色彩美学，以中亚为界惠泽东西，其"合色"法则贯穿戏剧与绘画两界，与东亚色彩遥相呼应。从遥远的巴米扬到与我国一衣带水的日本，从古朴的壁画到华丽的板绘，再到细致的绢本绘画，是不约而同抑或是薪火相传，它们使用着同一种色彩语言——叠色构造。在所有的绘画种类中，壁画的色彩表现技法最先发展成熟起来，并影响着木板彩绘以及纸绢绘画的艺术表现，从"合色"技法到"叠色"构造呈现出共同的特征。从世界范围看，金属作为古典绘画的彩色材料不限于东方，从地中海到两河流域，从西亚到东亚的广阔地带，在不同的宗教美术作品中大放异彩。近年的研究显示，古典油彩画技法在4—7世纪的巴米扬壁画中就已确立；而在克孜尔壁画中发展并成熟的锡箔彩色技法，与巴米扬壁画、挪威教堂祭坛画群板绘呈现出相似的构造；滥觞于犍陀罗美术中的截金技艺横跨时空，不仅在隋唐美术中光辉璀璨，并且漂洋过海，在东瀛日本的古典绘画中得以发扬光大，这一技艺的继承者更享有"人间国宝"的美誉。在国际丝绸之路的文化环流中，不同类型的绘画流传着相同的材料"基因"与表现"语法"，都被历史化为一种文化的符号。

第一节　古代绘画的合色方法

古代色彩绘画的着色技法，从物理角度分为"合色"与"叠色"两种。合色即颜色的相互混合，叠色是指在一层颜色之上再重叠相同色系或不同色相的颜色。合色可分为矿物色与矿物色混合、植物色与植物色混合、矿物色与植物色混合三种，再通过添加胡粉或墨来调节明度与彩度，以此拓宽颜色的色域。叠色也可分为矿物色与矿物色、植物色与矿物色、植物色与植物色三种重叠方式。合色与叠色是古代绘画色彩表现的主要技法，不仅可以作为绘画色彩复原的依据，甚至可为作品的年代判定提供参考。因此，通过古代文献中有关合色理论的系统梳理及其色相的再现，对理解古典绘画色彩特征大有裨益。

一、印度古代艺术理论中的合色

在古代印度的文艺理论中，成书于公元前后的戏剧学理论《舞论》中就已出现了间色（sanyogja）和复色（upavarna）的概念。而与造型艺术相关的二次色的引入主要有《毗湿奴法上往世书》《心灵之光》《工巧宝》三个文本来源。《毗湿奴法上往世书》中的《画经》在谈到绘画艺术的"色彩混合"时指出，二次色源自原色的混合，且需要发挥人的想象力与判断力，并列举了绿色是由黄色和蓝色混合而成，绿色可分为纯粹型和混合型。混合型可以与白色混合产生色调变化，也可以与黑色混合产生明暗变化。色调有三种，这取决于白色加入的量的多少，以这种方法会产生美丽的绿色变化，如杜尔瓦草般的绿黄色、木苹果般的黄绿色；明暗也有三个层次，取决于在颜色中加入黑色量的多少。由此可见，古代印度的绘画理论不仅关注颜色混合的具体技法，还注意到由黑白两色与其他颜色混合而产生的明暗与色调的变化。

《工巧宝》中的颜色混合配方，不仅是单纯的关于颜色混合的技术描述，还融入了对读者想象力的启发，要求读者思考一种特定的颜色，将水果、花朵或该颜色的物体可视化。值得注意的是，《工巧宝》在致力于描述一种颜色与另一种颜色混合时解释说，这种混色不应该在白石灰墙上进行。为了便于比较，现将上述著作中的颜色混合配方摘录于下。

《舞论》中有关间色的描述：

> 白色与蓝色混合呈鸭色（karandava，淡蓝色），白色与黄色混合呈现淡黄色（pandu）。
> 白色与红色混合生成红莲色（padmavarna），黄色与蓝色混合产生草绿色（harita）。
> 蓝色与红色混合产生暗红色（kasaya，藏红色），红色与黄色混合产生橙色（gaura）。[1]

《毗湿奴法上往世书》中的《画经》（Citrasūtra）有关颜色混合的描述：

> 蓝色与黄色混合可以得到叶子的绿色。
> 将这种纯粹的绿色与白色混合能得到比蓝色更好看的颜色。
> 白色与蓝色相加会有多种变化，按比例调整两种颜色多少，会得到如青莲或者豆子（或是绿色楮鸟、青雀）一般美丽的颜色。
> 胭脂与白色混合，在胭脂上覆盖珠子树（Symplocos racemosa Roxb.）制作而成红色粉末。[2]

《工巧宝》中有关颜色混合的描述：

---

1 婆罗多. 舞论 [M]. 尹锡南，译. 成都：巴蜀书社，2021：304.
2 Stella Kramrish. The Vishnudharmottara (Part Ⅲ): A Theatise on Indian Painting and Image-Making[M]. Calcutta: Calcutta University Press, 1928: 50.

1. 白色和红色混合后会呈现出美丽的玫瑰色（gauracchavi，红白色）。

2. 白色、黑色（krsna）和黄色等比例混合，会产生绿色调（sāracchavi）。

3. 白色与黑色（krsna）以等比例混合，会产生类似大象的灰色。

4. 红色和黄色以等比例混合，会产生巴库拉（bakula）果实色（牛油果色）或火焰色。

5. 红色与黄色以 2 : 1 比例混合，会产生鲜红色（ati-rakta，深红色）。

6. 黄色与白色以 2 : 1 比例混合，会产生黄色或金色（piigala，黄白色）。

7. 黄色与黑色以 2 : 1 比例混合，会产生水的颜色；等比例混合则会产生男子身体的颜色。

8. 雄黄色与深绿（syāma，深蓝色）混合，会产生鹦鹉翅膀的颜色。

9. 紫胶色与朱红色混合，会呈现鲜红色（深红色）。

10. 紫胶色与黑色混合，会呈现紫色（jambu fruit，玫瑰、苹果）。

11. 紫胶色、肉豆蔻色、白色、朱红色同等比例混合，会产生高种姓人的肤色。

12. 黑色与印度蓝（nila）混合，会产生头发的颜色。[1]（图 3.1-1）

《心灵之光》中有关颜色混合的描述：

1. 朱砂与海螺壳石灰色混合，会产生红莲花色。

2. 紫胶色与海螺壳石灰混合，会产生一种植物色（rasa）。

3. 红赭石和海螺壳石灰混合，会产生烟灰色（其实是产生红白色）。

4. 雌黄色与海螺壳石灰混合，会产生珊瑚色（橘黄色）。

5. 油烟黑色与海螺壳石灰混合，也会产生烟灰色。

6. 油烟黑与海螺壳石灰混合靛蓝，会产生鸽子灰的颜色。

7. 油烟黑和海螺壳石灰与青金石混合，会产生 atasi 花色（普通亚麻色）。

---

1 Isabella Nardi. The Theory of Citasutras in Indian Painting[M]. London and New York: Taylor and Fracis Group, 2006: 130.

玫瑰色：胡粉+朱砂

金色：雌黄+白土

紫色：紫胶+墨

绿色调：贝壳胡粉+墨+雌黄

水色：雌黄+墨

高种姓肤色：紫胶+贝壳胡粉+
银朱+肉豆蔻

大象灰：贝壳胡粉+墨

男子身体色：雌黄+墨

头发色：墨+靛蓝

火焰色：朱砂+雌黄

鹦鹉翅膀色：雄黄+墨绿

鲜红色：朱砂+雌黄

鲜红色：紫胶胭脂+银朱

图 3.1-1　《工巧宝》中的颜色混合

8. 只用印度蓝产生（蓝）莲花色。

9. 印度蓝与雌黄色混合，会产生绿色（harita cchavi）。

10. 油烟黑色与红赭石色（gairika）混合，会产生棕色调（syāma-varna）。

11. 油烟黑与紫胶色混合，（也）会产生棕褐色调（pātala，一种花的色调）。

12. 紫胶色与印度蓝色混合，会产生 jambu 果的深紫色。[1]（图 3.1-2）

在上述混色配方中，有些颜色已经明确表示了其材质，而白色、红色、黄色、黑色、蓝色等具体为何颜料尚不明确，因此有必要对这些颜色有可能涉及的颜料略作介绍。《心灵之光》和《工巧宝》中包含了获取白色颜料的全过程，二者均描述了白色黏土或高岭土。贝灰是通过煅烧海螺壳、牡蛎壳或其他贝壳制作而成的，也是白色颜料的主要原料来源。[2] 关于红色，《工巧宝》罗列了三种红，分别是铅丹柔和的红（mrdu-rakta）、红赭石（氧化铁，gairika）的红（Madhya-rakta），以及紫胶（laksha-rasa）的深红（ati-rakta）。银朱或未经加工的朱砂在《毗湿奴法上往世书》中被提及也是红色的原料之一。紫胶红在《毗湿奴法上往世书》《心灵之光》《工巧宝》中均有提及，并且指出这些颜料还可以与其他颜料混合，产生各种不同的颜色。关于黄色，《毗湿奴法上往世书》和《工巧宝》详细描述了雌黄的制法；关于黑色，《工巧宝》解释说配置这种颜料的准备工作，应该先点燃一盏油灯和一根加长灯芯，然后准备一个陶罐，在里面涂上牛粪粉后，把它倒过来罩在灯的火焰上，通过收集由灯芯产生的粘在陶罐里的油烟，将之抹在另一个陶制容器上，再将其收集，加入纯净水，将其粘贴并充分干燥。然后将油烟和宁巴胶混合，待其干燥后可作为黑色颜料使用，可见这里的黑色是油烟粉末。《工巧宝》还提到的另一种黑色是夏摩果（śyāma-dhātu）。śyāma 是一个有争议的词汇，它所代表的颜色是黑色、棕色、深绿色和深蓝色在内所有的深色调颜色。

---

1 Isabella Nardi. The Theory of Citasutras in Indian Painting[M]. London and New York: Taylor and Fracis Group, 2006: 130.

2 Jayanta Chakrabarti. Techniques in Indian Mural Painting[M]. Atlantic Highlands, N. J.: Humanities Press Inc., 1982: 46.

红莲色：朱砂+贝壳胡粉　　鸽子灰：墨+贝壳胡粉+靛蓝　　棕褐色调：墨+紫胶

未名色：紫胶+贝壳胡粉　　atasi花色：墨+贝壳胡粉+青金石　　深紫色：紫胶+靛蓝

烟灰色：红赭石+贝壳胡粉　　蓝莲花色：墨+靛蓝

珊瑚色：雌黄+贝壳胡粉　　绿色：靛蓝+雌黄

烟灰色：油烟墨+贝壳胡粉　　棕色调：墨+红赭石

图 3.1-2　《心灵之光》中的颜色混合

也有学者认为这种物质是由土绿或绿色（terre verte）制作而成的，是印度绘画中非常流行的颜色。蓝色主要有两种来源，分别是靛蓝和青金石，这些均在《画经》中被提及，在《毗湿奴法上往世书》中指的是 nīla（靛蓝色）和 rājavarta（青金石）。《心灵之光》中提到 nīla 是具有蓝莲花颜色的色调，rājavarta（青金石）具有 atasī（亚麻）的色调。靛蓝色不仅被用作染料，而且从这种植物中提取的颜色在孟加拉、尼泊尔，以及印度西部的棕榈叶手稿插图中被广泛应用。

根据 20 世纪 60 年代印度艺术考古局的调查分析，阿旃陀壁画的地仗以及彩色材料的性质与《画经》中的描述存在相符之处。根据近年的科学分析，克孜尔壁画中也存在红色紫胶胭脂、靛蓝等有机颜料。紫胶胭脂如《画经》所述："如赤睡莲一般深沉美丽的颜色，这种颜色（通过混合）还能创造出许多不同的颜色。"[1] 此外，在混色的应用上，克孜尔壁画中不同彩度与明度的青金石蓝色，是青金石与石膏及其他白色颜料混合的结果，而这种混色原理在《画经》中也有明确记载。期待随着科学分析技术的提高，结合古代文献中混色配方的准确解读，能对古代绘画的色彩表现有更深的理解。

二、中国古代艺术理论中的合色

中国古代的颜色混合被称为"合色"，有关合色法的记载可见于元代王绎的《采绘法》。《采绘法》所列合色主要为服饰器物所用，后为陶宗仪载录《南村辍耕录》得以传世。此外，在康熙年间成书的《芥子园画传》（1679）也列出了几种植物色的合色方法，如草绿色之合色法："凡靛花六分和藤黄四分即为老绿，靛花三分和藤黄七分即为嫩绿"；赭黄色为"藤黄中加以赭石"；老红色为"银朱中加赭石色"；苍绿色为"草绿中加赭石"。而在"配合众色"部分的合色法有："靛青加胭脂为莲青，再加粉为藕合。浓绿加墨为油绿。淡绿加赭为苍绿。藤黄合朱为金黄。粉红加赭为肉红，加朱为银红。脂加朱为殷红。脂加黄为金黄。

1　Stella Kramrish. The Vishnudharmottara (Part Ⅲ): A Theatise on Indian Painting and Image-Making[M]. Calcutta: Calcutta University Press, 1928: 51.

五色相配变化无穷，无益花鸟者。不及备载。"[1] 从以上的合色方法可以看出，清代绘画的合色以水性颜料为主，较少涉及矿物色与植物色的混合。此外，清代连朗《绘事琐言》（1799）曰："古人用色甚多，如槐子、土黄、石黄、黄丹、红花、珊瑚、空青、牡蛎之类，靡不入画。今人所用者，石青、石绿、朱砂、藤黄、花青、赭石、燕脂、铅粉、泥金、泥银而已。"[2] 从这段话中可知，清代绘画所使用的颜料种类不及古代，尤其是土质颜料与矿物质颜料大为缩减。而谈及合色之法曰："取众色而调合之，变化无穷，古人所谓'以五彩彰施于五色'也。元王绎采绘法有专为服饰器用设者，亦可通于山水花鸟……"[3] 可见清代绘画理论中的合色理念未有大的创新，基本上是延续了元代服饰器物的合色法，并将之应用于山水花鸟画的表现。

不仅如此，《绘事琐言》多数具体的合色例子皆援引自《芥子园画传》，但也有一些新的合色方法，例如关于靛蓝与藤黄的合色之法中增加了深绿、芽绿和最嫩绿。"其靛花调用之法，旧谱所载，约举一二，以备采择。靛花六分和藤黄四分为老绿。靛花三分和藤黄七分为嫩绿。靛花七分和藤黄三分为深绿。靛花九分和藤黄一分为极老绿。靛花二分和藤黄八分为芽绿。靛花一分和藤黄九分为最嫩绿。"[4] 关于靛蓝与其他颜色的合色，也援引自《芥子园画传》："外有靛花合入他色者。靛花加燕脂为莲青。靛花燕脂加粉为藕合。浓绿中加淡墨为油绿；淡绿加赭石为苍绿。"[5] 关于藤黄的合色曰："入墨为秋香色。入粉为鹅黄色。入燕脂为火黄色。入靛少为嫩绿色。入靛多为老绿色。"[6]

《绘事琐言》对于土黄的合色有区别于其他绘画理论的新见解，指出土黄可制雄黄，土黄区别于藤黄微带赤色，故用以染枯枝。土黄还可以跟其他矿物石色一样，通过水飞法分作三层，并且与其他颜色作合色用："合槐花、螺青、檀子、

1 王槩，等.芥子园画谱全集 [M].杭州：浙江人民美术出版社，2013：4.
2 连朗.绘事琐言 [M].上海：上海书画出版社，2021：102.
3 连朗.绘事琐言 [M].上海：上海书画出版社，2021：102.
4 连朗.绘事琐言 [M].上海：上海书画出版社，2021：81.
5 连朗.绘事琐言 [M].上海：上海书画出版社，2021：82.
6 连朗.绘事琐言 [M].上海：上海书画出版社，2021：83-84.

老绿：靛蓝+藤黄　　最嫩绿：靛蓝+藤黄　　湖水褐：贝壳胡粉+三绿　　番皮：土黄+银朱　　蓝青：三青+三绿

嫩绿：靛蓝+藤黄　　秋香：藤黄+墨　　枯叶褐：贝壳胡粉+土黄+银朱　　鼠毛褐：土黄+贝壳胡粉+墨　　水獭毡：贝壳胡粉+土黄

深绿：靛蓝+藤黄　　火黄：藤黄+胭脂　　绯红：银朱+紫花　　藕丝褐：贝壳胡粉+螺青+胭脂　　砖褐：贝壳胡粉+烟墨

极老绿：靛蓝+藤黄　　银黄：贝壳胡粉+藤黄　　桃红：银朱+胭脂　　棠梨褐：贝壳胡粉+土黄+银朱　　山谷褐：贝壳胡粉+黄标

芽绿：靛蓝+藤黄　　珠子褐：贝壳胡粉+藤黄+胭脂　　柳黄：三绿标+粉+藤黄　　玉色：贝壳胡粉+三绿　　不老红：紫花+银朱

图 3.1-3　中国古代文献中的颜色混合（部分）

粉为艾褐色。合烟墨、粉、檀子为鹰背褐色。柘木交椅，色亦用之。合烟墨、檀子为麝香褐色。合银朱、粉为棠梨褐色。合粉、漆绿标、墨为驼色。合粉、檀子为枯竹褐色，亦为露褐色。土黄少许。标合粉为山谷褐色，亦为水獭毡色。标合粉、螺青、槐花为荆褐色。合漆绿、烟墨、槐花为茶褐色。土黄为主。合墨一点、粉、檀子为毯子色。合三绿、槐花为秋褐色。合烟墨、紫花为油里墨色。合粉、墨为鼠毛褐色。合银朱为番皮色。合粉一点为牙笏色。土黄之用甚多，大约色与浅赭相似，若合赭与丹砂标可以代之。”[1] 在以上的合色法中，可以看出较多的混色原则仍取法于《采绘法》（图 3.1-3）。为了方便与其他文献中的合色法作比照，现将《采绘法》合色法摘录如下：

1　迮朗．绘事琐言 [M]．上海：上海书画出版社，2021：87-88．

　　凡调合服饰器用颜色者，绯红，用银朱紫花合。桃红，用银朱胭脂合。肉红，用粉为主，入胭脂合。柏枝绿，用枝条绿入漆绿合。黑绿，用漆绿入螺青合。柳绿，用枝条绿入槐花合。官绿，即枝条绿是。鸭头绿，用枝条绿入高漆绿合。月下白，用粉入京墨合。柳黄，用粉入三绿标并少藤黄合。鹅黄，用粉入槐花合。砖褐，用粉入烟合。荆褐，用粉入槐花螺青土黄标合。艾褐，用粉入槐花螺青土黄檀子合。鹰背褐，用粉入檀子烟墨土黄合。银褐，用粉入藤黄合。珠子褐，用粉入藤黄胭脂合。藕丝褐，用粉入螺青胭脂合。露褐，用粉入少土黄檀子合。茶褐，用土黄为主，入漆绿烟墨槐花合。麝香褐，用土黄檀子入烟墨合。檀褐，用土黄入紫花合。山谷褐，用粉入土黄标合。枯竹褐，用粉土黄入檀子一点合。湖水褐，用粉入三绿合。葱白褐，用粉入三绿标合。棠梨褐，用粉入土黄银朱合。秋茶褐，用土黄入三绿槐花合。油里墨，用紫花土黄烟墨合。玉色，用粉入高三绿合。鮀色，用粉漆绿标墨入少土黄。毹子，用粉土黄檀子入墨一点合。蓝青，用三青入高三绿合。金黄，用槐花粉入胭脂合。雅青，用苏青衬，螺青罩。鼠毛褐，用土黄粉入墨合。不老红，用紫花银朱合。葡萄褐，用粉入三绿紫花合。丁香褐，用肉红为主，入少槐花合。杏子绒，用粉墨螺青入檀子合。毹绫，用紫花底，紫粉搭花样。番皮，用土黄银朱合。鹿胎，用白粉底，紫花样。水獭毡，用粉土黄合。牙笏，用好粉一点，土黄粉凝。皂靴，用烟墨标。柘木交椅，用粉檀子土黄烟墨合。金丝柘同上，不入墨。紫袍，用三青胭脂合，其余一一不能备载，在对物用色可矣。

　　凡合用颜色细色，头青、二青、三青、深中青、浅中青、螺青与苏青、二绿、三绿、花叶绿、枝条绿、南绿、油绿、漆绿、黄丹、飞丹、三朱、土朱、银朱、枝红、紫花、藤黄、槐花、削粉、石榴、颗绵、胭脂、檀子，其檀子用银朱浅入老墨胭脂合。[1]

1　陶宗仪 . 南村辍耕录 [M]. 北京：中华书局，2004：133-134.

三、日本古代绘画理论中的合色

日本的绘画颜料被称为"绘具",而当一种颜色混合白色(白土、铅白、胡粉)之后则被称为"××具",在这一称谓中,绘具的"具"与调合色的"具"似乎有不同的含义。《日葡辞书》(1603—1604)将"具"解释为绘画用的色墨,即"绘具"的意思。这里的"具"即绘画的用具之意,是与"文具"相对应的概念。《日葡辞书》问世后,江户时代土佐派画家土佐光起所著《本朝画法大传》(1690),作为日本最早的绘画技法书已经使用"画具"一词,而在解释"丹具"(丹的具)一词时如此描述:"是丹(铅丹)与粉(胡粉)混合,以表现小儿皮肤以及肉色,"并补充说明"以下所谓××具,皆指与胡粉混合之意。"由此可见,画具、绘具中的具与道具、家具一样为接尾词;而"丹具"的"具"特指混合了白色颜料之后的某种颜料。那么为何"具"可以指代白色颜料呢?参考《角川古语大辞典》(1982)中的某些诠释可知"具"有伴侣、配偶,以及作为料理辅料的含义。由于白色与另一种颜色混合时,并不会改变其色相,而只是改变了彩度与明度,这种调合区别于改变色相的混合。此后,在《日本国语大辞典》(1972)对于"具"的多种诠释中包含了"在各种颜料中加入白土、铅白、胡粉所形成的颜料"的含义。关于日本绘画理论的"调合色"方法,除上述土佐光起的《本朝画法大传》外,狩野永纳编著的《本朝画史》(1691)以及狩野派画家林守笃的《画筌》(1721)等著作,基本上延续了《本朝画法大传》的色彩理论与调合色法则,这三本著作几乎囊括了日本古代绘画色彩相关的全体知识,为古代色彩绘画的色相判断提供了参考依据。为方便阐述,现将《本朝画法大传》中的调合色(图3.1-4)摘录如下:

草绿(苦绿、苍绿):干淀(靛花)与藤黄合。干淀多则为嫩绿;藤黄多则为老绿。缥(浅碧、浅葱):干淀与胡粉合。合黄土(作黄土、土朱缥):藤黄与朱(朱砂)合。

青鸠色(青褐、萌黄):白绿与藤黄合。金翅鸟色:白绿与苍绿合,或白与合黄土合。

润色：胭脂→大青

木贼：绿青+藤黄

缥：蓝+胡粉

金翅鸟：白绿+苍绿

木之具：白绿+墨少

青鸠：白绿+藤黄

墨之具：墨+胡粉

墨具褐：墨之具→藤黄

图 3.1-4　日本合色（部分）

　　木贼色：石绿与藤黄合。红色：首先涂以胡粉，之后再涂以生胭脂。合紫：干淀与生胭脂合。紫藤色：合紫与胡粉合。润色（紫褐色）：先涂以生胭脂，后涂大青（石青）。

　　赭黄色：藤黄与赭石合。苍绿色：苍绿与赭石合。肉色（面具、浅红）：朱（朱砂）与胡粉及藤黄合。具：指与胡粉混合的色的意思。丹具：铅丹与胡粉合。生胭脂具：生胭脂与胡粉合。胭脂具：紫色与胡粉合。藤黄具：藤黄与胡粉合。黄土具：黄土与胡粉合。紫土具：紫土与胡粉合。墨具：灰色。与干淀合成蓝灰色。褐色：丹与藤黄及墨合。肉色褐（肉红）：浅葱合少量的生胭脂。藤黄具褐：藤黄中入胡粉，再合墨与铅丹。黄土褐：黄土中入干淀（靛花）与朱砂合。黄土具褐：黄土具中入褐色。紫土褐：紫土入胡粉，用其涂后再涂以藤黄，或者紫土、藤黄、干淀合；或者胡粉、紫土、墨、藤黄合。墨具褐：墨的具中入藤黄。

黄胶：合黄土中入大量的胶。丁子：将丁子煎□。煤色：生胭脂与墨合。[1]

四、中日合色理论的关联

对比清代与江户时期绘画技法书中关于彩色材料的名称以及合色法则可知，清代的合色法基本是对元代合色的延续而略有增加，将原本用于"服饰器用"的合色法拓展至"山水花鸟"领域。清代绘画所用土性颜料与矿石颜料的种类远不及古代绘画，而植物色的使用及其合色法有所增加，《绘事琐言》关于合色的理论多援引自《芥子园画传》。日本江户时期的绘画技法书如《本朝画法大传》，对《采绘法》《芥子园画传》有明显借鉴，之后的《本朝画史》《画筌》的合色法则基本承袭《本朝画法大传》。在这三本著作中，《本朝画史》存在一些看似"错误"的合色法，例如关于茶色之合色法如是记载："茶色，唐曰茶褐是也，类色多，以胡粉入朱墨，其上涂雌黄，以变色。"这与《历代名画记》所载"昆仑之黄 雌黄也，忌胡粉同用。"似乎存在矛盾之处。但在同书中的"近世画家所用绘具题名"一节，在对雌黄的注释中写道："雌黄，唐之具也，不加胶灌水折之，画书云藤黄是也。"可见《本朝画史》中所谓的雌黄，实指藤黄，在关于"浅黄"的合色中同样记载道："浅黄，主胡粉加入雌黄多少是云雌黄之具。"对比《本朝画法大全》《画筌》中关于藤黄与其他颜色的合色法则，可以确定《本朝画史》合色法中的雌黄实际上是指藤黄，这种混淆与误传很可能是受中国绘画技法书的影响。对比《芥子园画传》与以《本朝画法大传》为代表的江户时期的诸多绘画技法书发现，在颜料的介绍与合色的法则方面，后者明显借鉴了前者，列举如下。

1 染谷香理. 日本画画材関連史料翻刻集（江戸前期篇）[D]. 東京藝術大学大学院文化財保存学保存修復日本画研究室，2018：39.

（一）颜色名

《芥子园画传》之珊瑚末："唐画中有一种红色，历久不变，鲜如朝日，此珊瑚屑也。宣和内府印色亦多用此，虽不经用，不可不知。"

《本朝画法大传》之珊瑚末："唐画中有一种红色，历久不变，鲜如朝日，宣和内府也用于印色，其色佳。"

《画筌》之珊瑚末："唐画中有一种红色，历久不变，鲜如朝日，宣和内府也用于印色。"[1]

（二）合色法

1. 靛花与藤黄

《芥子园画传》合色法："凡靛花六分和藤黄四分即为老绿；靛花三分和藤黄七分即为嫩绿。"

《绘事琐言》藤黄之合色："入靛少为嫩绿色；入靛多为老绿色。"

《本朝画法大传》草绿合色法："又万宝全书中又写作苦绿或者苍绿，靛花与藤黄合，靛少为嫩绿，靛多为老绿。"

2. 肉红色

《采绘法》之肉红："用粉为主，入胭脂合。"

《本朝画史》之肉红："用粉为主，入燕支兼螺青。"[2]

清代绘画理论对于江户时期绘画技法书的影响从以上列举的事项中可见一斑，即便是原作存在误传之处也被原本照搬，例如关于蛤粉与胡粉的诠释如下。

《芥子园画传》之蛤粉："古人率用蛤粉。法以蛤蚌壳煅过研细，水飞用之。今闽中下四府垩壁，尚多用蚌壳灰，以代石灰，犹有古人遗意。今则画家概用铅粉矣。"

《本朝画法大传》之胡粉："相传有胡粉三种，白垩为大胡粉，是土也，胡

1　染谷香理 . 日本画画材関連史料翻刻集（江戸前期篇）[D]. 東京藝術大学大学院文化財保存学保存修復日本画研究室，2018：39.

2　狩野永納，檜山義慎 . 本朝畫史 [M]. 東京：国書刊行会，1974.

粉为铅煅烧而成，蛤粉为蛤蜊壳煅烧制成的，称作面胡粉，为上品，放入轻胶轻轻搅拌。"

《画筌》之胡粉："有胡粉三种，白垩为大胡粉，是土也，胡粉是铅，画家用的蛤粉是蛤蜊壳煅烧制成的。"

《本朝画法大传》《画筌》中关于胡粉制造的煅烧陈述受《芥子园画传》的影响，《芥子园画传》虽介绍了蛤粉的制法，但实际上这种方法并不可行。根据郝玉墨的研究，贝壳煅烧而成的粉末不能作为绘画的白色颜料使用，而是作为建筑材料的石灰使用，但这一误传却影响了日本江户时期的各种绘画技法书关于胡粉制造的叙述。[1]

从现代艺术创作的角度来审视古代绘画的彩色技法，或许直观的感受是烦琐的准备程序所带来的各种表现上的制约，加之化工颜料的普及使得人们对传统绘画材料的认识愈加疏离。通过对东方古典文献中合色理论的梳理可以发现，传统颜料的混合不限于植物色与植物色混合，矿物色与矿物色混合，也存在植物色与一种或多种矿物色的混合方法。这种跨越颜料"体质"差异的合色方法，为我们理解古代绘画的色彩表现提供了更多元的思考视角。将来，伴随发达的科学分析技术，经典艺术理论中的合色法将在古代绘画的色彩复原工作中发挥重要的参考作用。

1　郝玉墨. 近代日本画の美人画における胡粉を活かした賦彩表現—鏑木清方筆"妓女像"の想定復元模写を通して [D]. 東京芸術大学博士論文，2020：122-113.

第二节　古代绘画的叠色构造

《历代名画记》载："夫工欲善其事，必先利其器。齐纨、吴练，冰素雾绡，精润密致，机杼之妙也。武陵水井之丹，磨嵯之沙，越巂之空青，蔚之曾青，武昌之扁青，上品石绿。蜀郡之铅华，黄丹也，出《本草》。始兴之解锡，胡粉。斫炼，澄汰，深浅、轻重、精粗。林邑、昆仑之黄，雌黄也，忌胡粉同用。南海之蚁铆。紫铆也，造粉、燕脂、吴绿，谓之赤胶也。云中之鹿胶，吴中之鳔胶，东阿之牛胶，采章之用也。漆姑汁炼煎，并为重采，郁而用之。古画皆用漆姑汁，若炼煎，谓之郁色，于绿色上重用之。古画不用头绿大青。画家呼粗绿为头绿，粗青为大青。取其精华，接而用之。百年传致之胶，千载不剥。"[1]这部分涵盖传统绘画支撑体、颜料、媒介的陈述中，"重采"一词常被引用于作为重彩画概念的诠释，但从古代绘画彩色技法的构造来看，"重采"一词解释为"重叠赋彩"似乎更为恰当。

中国色彩绘画发展至唐代已趋于成熟，彩色技法从壁画、板绘到织物绘画呈现相似的特征——叠色构造。用现代色彩学原理来解释，即通过颜料的色层叠加来改变色彩的三要素（色相、彩度、明度）以拓展色彩的表现语言。从材料属性来看，矿物质颜料自身是不透明的，但因其颗粒状的物理构造，呈现出覆盖力弱的半透明特性。古代画家利用这一特性，发展出绘画叠层构造的彩色技法。宋代以后，随着翰林图画院的设立，细致入微的绢本绘画表现为植物染料的叠色运用提供了舞台。至此，色彩绘画的叠色构造形成三种类型：矿物色与矿物色叠加、矿物色与植物色叠加、植物色与植物色叠加。以下以实际的画作为例，阐释叠色构造的彩色技法从壁画向纸绢绘画迁移与嬗变的过程。

1　张彦远. 历代名画记 [M]. 杭州：浙江人民美术出版社，2019：28-29.

一、矿物色的叠色构造

（一）红色系叠色

"绀丹绿紫、上朱下丹"语出《二中历》的"第三·造佛历·绘像丹"，[1]《二中历》是日本镰仓时代三善为康撰抄的《掌中历》与《怀中历》的合本，并融合其他相关书的内容编撰而成。"绀丹绿紫、上朱下丹"是为了便于记忆而编的四字口诀。在描绘彩色纹样时，"绀丹绿紫"表现为绀青色的旁边配丹色，绿色的旁边配紫色的色彩组合方式。而"上朱下丹"是指使用红色颜料描绘佛像的袈裟时，必先涂一遍铅丹，其上再叠以朱砂之色；反之，使用铅丹表现袈裟时，先涂一遍朱色（朱砂或者赤铁矿），后叠以铅丹。"绀丹绿紫"是对色彩配置的概括；"上朱下丹"则指出了古代红色系颜色叠层构造的特征。巴米扬 E（e）窟壁画（图3.2-1）中佛陀袈裟的鲜艳红色，采用在橘黄色的铅丹上面重叠朱砂的叠色法，[2]这一叠色构造可获得有别于单独使用朱砂而带有黄色味的高彩度红色。在传统颜料中，朱砂颗粒越细彩度越高，颗粒越粗彩度和明度越低，尤其是色彩鲜亮的朱

图 3.2-1 巴米扬 E(e) 窟壁画佛陀袈裟红色的叠色

1　新加書纂録類．二中歴改定史籍集覧 23[M]．東京：近藤活版所，1901：63．
2　2016 年，笔者在东京艺术大学陈列馆观摩巴米扬壁画修复成果展，观察到该壁画红色底部有铅丹使用的迹象。

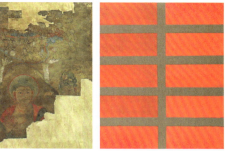

图 3.2-2 阿弥陀袈裟红色的叠色　　　　　**图 3.2-3** 《阿弥陀净土图》袈裟红色的叠色

砂提取需要耗费大量的人力与物力，因此朱砂在古代是非常昂贵的颜料。通过在朱砂底下铺设明亮的橘黄色铅丹，这样不仅可以节省朱砂用量，还可以提高朱砂的彩度和明度。从实验的结果来看，在铅丹之上重叠朱砂以两到三遍为宜，可充分利用朱砂的颗粒状特征与不充分的覆盖效果，获得理想的彩度和明度。

　　在红色系列颜料中，铅丹的彩度和明度较高，单独使用时很难与其他颜色协调，因此在彩度和明度偏低的赤铁矿上重叠铅丹，可以有效降低铅丹的彩度和明度，使之与其他颜色相调和，这种叠色技法出现在敦煌莫高窟 285 窟的壁画中。隋唐之际，日本坚定地吸收了大唐美术的精华，确立了雍容华贵的重彩绘画样式，传承着经典的叠色之美。正仓院收藏的四弦琵琶捍拨画《鹫鸟图·山水人物图》绘制于皮革之上，其红色以铅丹做底，再在其上涂以朱砂，从而呈现出高彩度的红色；荣山寺内阵八角柱绘上的彩绘纹样，其叠色构造同为"上朱下丹"；法隆寺金堂六号壁画中，阿弥陀的袈裟通过在铅丹表面重叠氧化铁（赤铁矿），获得厚重典雅的暗红色（图 3.2-2）。利用同种色系不同属性颜色的相互叠加，相得益彰，显示出古代画家高超的彩色技法和审美修养。

　　随着壁画的色彩表现语言的高度发达，"上朱下丹"的叠色技法逐渐影响到织物绘画的色彩表现。1908 年，伯希和从敦煌窃走的 200 件古画大多数藏在巴黎的吉美美术馆，其中《阿弥陀净土图》（图 3.2-3）佛陀袈裟上鲜艳的红色，也是在铅丹表面重叠朱砂绘制而成的。无独有偶，日本国宝真言七组像之一的《龙智像》，其衣裳上的红色也采用了同样的叠色技法，而黑色的部分则是在铅丹表面重叠墨色绘制而成的。[1] 根据《请来目录》记载，《金刚智》《善无畏》《不空》

1　秋山光和 . 図版解説—敦煌画阿弥陀净土図 [J]. 美術研究，1976，252：33-36.

《惠果》《一行》五组像为唐代李真所绘，由空海自唐都长安带到日本，而《龙猛像》《龙智像》为空海归国后于弘仁十二年（821）依托他人在日本绘制完成。实验可知，"上朱下丹"的叠色构造在绢本上的显色效果尤为显著，当用朱砂颜料重叠三至四遍，有无铅丹作底色对表面朱砂的彩度影响依然明显。

（二）绿色系叠色

巴米扬、克孜尔、敦煌莫高窟早期壁画所使用的绿色颜料主要为氯化铜，以人造居多。这种绿色颜料的粒子较细，彩度相比石绿偏低，古代画家利用叠色构造来提高其彩度。巴米扬 B（d）窟壁画光背部分的绿色，以油作为胶结材料，其彩色构造自下而上为红色—白色—绿色（图 3.2-4），画家采用这种方法来得到高彩度的绿色。这一叠色构造的原理是，射入的光线经过绿色层后呈现绿色光，绿色光经过白色层后亮度得到提升，而当绿光线到达底部的红色层时，因补色混合使绿色加深，最终反射回到观者视野的便是高彩度的绿色[1]。这一叠色构造的设计，充分展现出古代画师高度的智慧与丰富的经验。而敦煌莫高窟壁画中的绿色叠色构造，最常见的是在深色石绿底下铺设浅绿，形成"上浓下淡"绿色叠层构造（图 3.2-5）。这一叠色法随着"唐绘"东传至日本，在平安时期孕育了"大和绘"的彩色技法，并一直延续至江户时期的琳派绘画中。透过平安时期的源氏

图 3.2-4　巴米扬 B(d) 窟壁画光背的叠色　　　图 3.2-5　莫高窟壁画树叶绿色的叠色

1　谷口陽子.中央アジア・バーミヤーン仏教壁画の分析（1）シンクロトロン放射光を用いた SR-μFTIR, SR-μXRF/ SR-μXRD 分析 [R]. 国立歴史民俗博物館研究報告（第 177 集），2012：29-59.

物语绘卷，京都智积院桃山时代的金碧障壁画，尾形光琳的《燕子花图屏风》等作品，可以清晰地看到"上浓下淡"的叠色技法跨越时空与载体的发展与传承路径。

（三）蓝色系叠色

　　"上浓下淡"的叠色构造同样适用于蓝色系的色彩表现。使用石青赋色时，一般先铺设细颗粒的白青，其上再叠以二青或三青，这一叠色构造也常见于克孜尔壁画的青金石蓝色中。此外，还可以通过设置互补色层来改变表层的蓝色属性。例如，克孜 38 窟壁画中的天人头光处的蓝与其他部位不同，是因为青金石被涂布在土红色的赤铁矿之上，以此来提高蓝色的彩度。[1]实验表明，同一颗粒粗细的青金石，分别涂绘在白色（石膏）底子与赭石（赤铁矿）上会产生彩度与明度的差别（图 3.2-6），这一叠色技法被广泛使用在同一表现对象的不同部位。此外，据说表现佛陀肉髻时，为了使其蓝色更深，通常会将青金石涂绘在黑色颜料上，从而改变其彩度与明度。在敦煌莫高窟第 285 窟山岳的表现中，则出现了在绿色上重叠蓝色以及蓝色和绿色并置的两种技法（图 3.2-7），从中可以窥探到大青绿山水设色的初期特征。[2]通过实验可知，分别在白色底子与绿色底子上重叠蓝色，绿色底子上的蓝色彩度更高。

图 3.2-6　克孜尔第 38 窟菩萨头光蓝色的叠色　　**图 3.2-7**　敦煌第 285 窟壁画山脉的叠色

1　室伏麻衣 . キジル大第 38 窟における壁画の描画技法·材料研究 [D]. 東京芸術大学修士論文，2012:23.
2　井上优子，皿井舞，催强，等 . 敦煌莫高窟第 285 窟窟顶北披下缘山居禅定比丘像的色彩技法 [R]. 保护敦煌壁画中日合作研究报告，2016：23.

二、矿物色与植物色的叠色构造

重温张彦远的《历代名画记》可知，矿物色分深浅、轻重、精粗。精，细也。《营造法式》之"取色之法"记载："先取水内浅色之青华。石绿者谓之绿华，朱砂谓之朱华。"[1] 由此可见，所谓"精华"是指矿物色中粒细而色浅者。张彦远称古画既不用头绿、大青而取"精华"，是因为头绿、大青颗粒太粗，不利于壁面重叠赋色。"古画皆用漆姑汁。若炼煎，谓之郁色，于绿色上重用之。"[2] 可见古代绘画技法中除了矿物色相互叠加，还可以在矿物色上面重叠植物颜料来加深彩度，这些阐述进一步说明"并为重采"所表达的并非色彩之浓重，而是通过综合运用不同属性的颜料相互叠色，以取得协调的色彩关系。明代唐志契在《绘事微言》引戴冠卿语："没骨画创自徐熙之子崇嗣，擅名花卉，不墨勾，迳迤色渍染而成。予谓只可施之花卉耳。不谓宋人有用大青大绿、大丹大粉，遂成山水，命为没骨山水。"[3] 五代南唐时期，矿物色叠色加植物色的渍染，是没骨花鸟的常用技法，而大青大绿、大丹大粉，更是大青绿没骨山水的必备材料。从张彦远提及漆姑汁"于绿色上重用之"，到明代诗人史鉴"又无仙家漆姑汁，可使浓华不凋落"可知，在石绿之上叠染漆姑汁，可以提高绿色的彩度并使其不易褪色。漆姑是蜀羊泉的别名，漆姑汁应为蜀羊泉糅合煮干后的水性染料。据科学分析，敦煌莫高窟第 285 窟的壁画中，除了上述矿物色的叠色构造之外，还存在铅丹上重叠有机红色染料的技法（图 3.2-8），但其成分未明。[4] 石绿若要加深颜色可用靛蓝叠色罩染加深；朱砂之上可用胭脂叠染以调节其彩度和明度；用藤黄重叠于石绿之上可改变其色相。

除了矿物色在上，植物在下的叠色构造外，还存在与此相反的叠色技法。江户时代记载的润色（紫褐色），则是"先涂以生胭脂，后涂大青（石青）"[5]，

1 李诫. 营造法式第二册 [M]. 上海：商务印书馆，1954：75-76.
2 张彦远. 历代名画记 [M]. 杭州：浙江人民美术出版社，2019：29.
3 唐志契. 绘事微言 [M]. 王伯敏点校. 北京：人民美术出版社，2016：99.
4 井上优子，皿井舞，催强，等. 敦煌莫高窟第 285 窟窟顶北披下缘山居禅定比丘像的色彩技法 [R]. 保护敦煌壁画中日合作研究报告，2016：106.
5 染谷香理. 日本画画材関連史料翻刻集（江戸前期篇）[M]. 東京藝術大学大学院文化財保存学保存修復日本画研究室，2018：39.

图 3.2-8　敦煌莫高窟第 285 窟壁画中红色山脉的叠色，何韵旺

这种叠色构造在南宋以后的绘画中逐渐占据上风。李唐的《万壑松风图》，是在绢布上以墨与岱赭为基调，在树木表现上结合石青、石绿的"大青绿"设色以及在墨色之上重叠藤黄与靛蓝的"小青绿"技法。矿物色与植物色互相混合、叠加，显示了北宋到南宋过渡期山水画的彩色技法构造。

三、植物色与植物色的叠色构造

矿物色相互叠加以及植物色对矿物色的叠层渍染，形成了魏晋至盛唐重彩绘画的彩色技法构造。这种浓重的色彩追求以石窟、寺观、宫殿等体量庞大的壁画作为支撑体，同时也影响着唐代麻布及绢本佛画的色彩表现。日语中的"极彩色"一词原是建筑彩绘涂装的用语，"极"字意为木构建筑最高处的栋梁，因此"极彩色"又被引申用于形容壁画、板绘等叠晕色彩的鲜艳程度，且关联着"绀丹绿紫、上朱下丹"等技法口诀，折射出支撑体性质与彩色技法构造的内在关联。

晚唐至五代，中国绘画支撑体的主流从壁面走向纸绢。绢本绘画一方面努力保留着壁画的造型与色彩语言；另一方面为适应纸绢支撑体而在材料与技法上开

图3.2-9 《红白芙蓉图》复原摹写，石井恭子

始产生变化。两宋时期，随着绘画阶层改变、造纸术改良、禅宗思想盛行以及水墨画兴盛，在墨与色的竞演中，矿物色逐渐让位于植物色；在绢本支撑体的叠色关系中，植物色的叠色取代了矿物色的叠色。南宋李迪的《红白芙蓉图》，其绿叶部分先以靛蓝多次分染出浓淡渐变效果，再以藤黄平涂罩色，利用叠色关系，最大限度地保留了植物色的透明效果；其花卉部分则先从绢布的叉面用铅白衬色，再从正面薄染颜色，画面整体清新淡雅（图3.2-9）。

四、衬色的意义

北宋米芾《画史》记载："古画至唐初皆生绢，至吴生、周昉、韩干后来，皆以热汤半熟入粉，捶如银板，故作人物精彩入笔。"[1] 依此描述，在绢布的经纬线中渗入胡粉加以捶打，以达到精彩入笔的目的。通过实践研究可知，经过捶打后的绢丝呈扁平状，绢布经纬线的密度加大，降低了绢布表面的粗糙程度，有利于行笔勾线与赋色，并达到"精彩入笔"的效果。如果说唐卡的基底处理方式是对壁画支撑体加工技术的模仿，那么绢布入粉捶打加工技术则是对壁画表现语言的升华。日本平安时期的佛画《两界曼荼罗》（东寺藏，绢本设色），从绢布背面可见整体的白土底色，这一现象与米芾所描述的"入粉捶如银板"的加工技术之间有无关联值得思考。

如前所述，在矿物色的叠色关系中，通常采用底层为细颗粒，上层为粗颗粒的叠层构造。但如果是从绢布背面衬色的话，可以打破"上粗下细"色层分布，日本青莲院收藏的《不动明王二童子像》中的衬色技法，展现出了"上细下粗"的叠色构造。不动明王的青色身体用饱和的石青在绢布的背面进行平铺，左右二童子分别用饱和度极高的朱砂以及朱砂加铅白的混合色着色，衣裳、花卉、岩座等也随类赋彩，均使用高彩度的颜色分别进行衬色，然后以细颗粒的矿物颜料在绢布正面分染，塑造出体积感与色调。这种衬色方式最大程度地保留了色彩的厚重感，又不失绢本绘画的细腻效果。《不动明王二童子像》的衬色技法充分展现了日本平安时代佛画师对叠色技法的继承与发扬。

此外，从绢本背面贴箔，从正面勾线的技法，也显示了绢本支撑体的透明属性在色彩表现上的双重优势。随着绢本绘画彩色技法的成熟，背面着色的表现方法成为其区别于壁画、纸本绘画彩色构造的本质特征。元代饶自然《绘宗十二忌》提及"重者山用石青绿，并缀树石，为人物用粉衬"[2]，这里指出人物宜用胡粉从背面衬色，这一技法从镰仓时代的肖像画中可见一斑。铅丹与胡粉混合，自古就是壁画和板绘中用于表现人物的传统技法，而在绢本上采用背面衬粉、正面薄染颜色的方式，既不影响线描对于人物的深入描绘，也不影响粉对形体的塑造。从古代绘画色彩叠层构造的角度看，绢本衬色技法与其说是对壁画叠层构造的继

1　米芾 . 画史 [M]. 台北：大象出版社，2019：191.

2　饶自然，黄公望 . 绘宗十二忌·写山水诀 [M]. 邓以蛰，马采，标点注译，北京：人民美术出版社，2016：4.

a 正面局部 　　　　　b 背面局部 　　　　　c 绢本背面着色 　　　　　d 绢本正面着色

图 3.2-10　《出山释迦图》局部

承，倒不如说是对叠层关系的解构。另外，梁楷的《出山释迦图》整体为绢本水墨设色，唯有释迦的衣裳为红色。为了使彩色服从墨色，画家将衣裳上仅有的朱砂红隐藏于绢布背面，这样可以在绢布正面使用墨线表现衣纹，以契合整体的墨色效果（图 3.2-10）。从南宋开始的水墨与设色的竞演中，绢本为二者的共存提供了理想舞台。

　　魏晋至隋唐所确立的古典色彩绘画样式以壁画为主体，包含板绘、织物等不同支撑体的绘画系统，经由朝鲜半岛影响了日本，造就了奈良、平安时代绘画从唐绘到大和绘的传承与嬗变，形成了"汉字文化圈"中色彩绘画的共同的技法构造——重叠赋彩。在北宋到南宋的过渡时期，绢本与纸本的社会地位发生了明显的变化。随着桑皮纸以及表面光滑的竹纸的问世，其适合书法以及水墨画的表现得到文人、士大夫阶层的青睐，推动了南宋绘画表现样式的发展。这种以纸本为主要支撑体的新的绘画表现形式，主要以水墨为媒介。生宣纸打破了水墨媒介与纸本支撑体之间的隔离层，从而带来了表现上的自由，色彩绘画的材料与技法被逐一舍弃。文人画的形成，更是对材料与技术无言的抵触。至此，同为东方绘画媒材的水墨与彩色，社会地位发生了根本性转变。在纸本适于写意水墨与绢本适于工笔彩色的认识中，究竟是材质改变了观念，还是观念改变了材质，是一个值得我们深思的问题。宋代以后，日本吸收中国水墨画，并将之与大和绘结合，在狩野派、土佐派等绘画中仍然延续着色彩绘画主流样式，直至江户时期的琳派绘画。近代以来，锡管国画颜料的普及为绘画创作提供了更为自由的表现空间，但对传统绘画材料与技法的认识却日益淡薄。古代由材料的"不自由"而产生的色彩构造与表现技法，正在被自由的现代人逐渐遗忘。在提倡继承传统的今天，我们是否应该反思："传统技法"包含了哪些内容？对传统彩色技法的认识与继承的理想状态应该是怎样的？

第三节　古代美术中的"截金"彩色技法

　　日本史学家井手诚之辅在谈及中日美术的关联时引入了两种类型的思考，即"可逆型"与"非可逆型"。所谓"可逆型"，指日本接受中国美术影响的部分能够确保可逆与复原，在这种场合下，授予方的行为被称为影响或传播，对接受方而言则是同化或共有；所谓"非可逆型"，指日本接受的中国美术经消化改变后，无法实现复原与可逆，在这种场合下，授予方的行为仍然是传播或影响，但接受方已不是单纯的吸纳，而是自主取舍并加以内化。可逆型与非可逆型体现在日本美术史发展的前后时期，是日本文化艺术自觉的彰显。

　　倘若将这一思考模式置入传统的彩色技法来考量，那么自奈良时代存续至今的截金工艺，不仅为我们客观理解中国传统佛教美术色彩美学提供了视角，对认识世界佛教美术色彩表现语言也具有重要的参考价值。在我国，自南宋开始，截金技法逐渐失传，我们无法对使用这一赋彩方式的存世作品予以客观、充分的认识。在截金相关的出土文物报告中笼统地称其为"贴金"，这种现象从侧面反映出传统美术材料与技法相关的基础研究尚未得到充分的重视。美术史研究倾向于关注作品形态与观念的转变，而容易忽视作品作为物质存在的材质、技法等相关问题的研究。从世界范围看，金属作为古典绘画的彩色材料并非东方所独有，从地中海到两河流域，从西亚到东亚的广阔地域，在不同宗教的美术作品中均有使用，异彩纷呈。近年的研究显示，西方中世纪的古典油彩技法，早在中亚地区4—7世纪的佛教壁画中就已经形成。近年，随着赴日本学习传统绘画技法的人员增多，国际佛教美术中的截金技法逐渐进入我们的研究视野。与此同时，随着对中亚地区以及中国出土的截金相关作品的关注度提升，截金彩色技法的渊源、流变等问题亟待深入探讨。目前已知最早的截金作品是出土于意大利卡诺萨（canosa）、现藏于大英博物馆的公元前 3 世纪的玻璃碗。因此，对东方截金美术作品的认识与研究，需要更广阔的视野与更多元的观点。

一、截金技艺的古今

《唐六典》所列举的十四种金的使用方法有销金、拍金、圈金、嵌金、贴金、织金、泥金、镂金、砑金、裹金等，其中未出现"截金"。从行为特征来看，贴金应该比较接近截金工艺。关于截金的概念，日本《广辞苑》作如下诠释："将金、银、铜、锡的箔或者薄板裁切成细小的线状、三角形、四角形等，将之粘贴以表现各种纹样的技法。主要用于佛画、佛像的彩色以及莳绘中，由于类似螺钿也称作金贝。"[1] 在日本，与截金有关的术语还有"截箔""裁文"。"截箔"是将金属箔裁切成各种形状、大小不等的片状物；"裁文"是将金箔按照某一图案或纹样透雕后用于装饰。截箔与裁文以面为主要特征，而截金则是将裁切下来的箔作为线来使用。所谓"截金纹样"不仅指金属箔裁成细线后组合的纹样，还包括截箔、裁文、截金单独使用或者组合使用时所组成的纹样的总称。[2]

关于截金的文献记载，平安时代正仓院弘仁十四年（823）四月十四日纳杂物帐中对新罗琴的描述如下："新罗琴两面，并盛紫两袋，一面表图木形金泥画，里以金薄押远山并云鸟草等形，罚面画日象；一面远（表）以金薄押轮草形凤形，里以金薄画大草形，罚面画草鸟形……右四面去二月十九日所出，今相替施入如件。"[3] 这里所谓的"以金薄押"应该是最早的关于截金技法的描述。但作为概念使用的"截金"一词源自何时尚不明确，而近世使用的截金术语是转用自莳绘工艺领域的"切金"一词，并且在日语中"截"与"切"具有相同的读音"きり"（kiri）。日本现行的截金工序可简单地概括为烧合、裁箔、填色、贴金四个步骤（图 3.3-1）。

第一步为烧合，将多张金箔加温黏合，增加厚度以便裁切，通常需要 4—5 张以上的金箔；

1　新村出編 . 広辞苑（第二版補訂版）[M]. 東京：岩波書店，1976：589.

2　有賀祥隆 . 日本の美術 6 [M]. 東京：至文堂，1997：18.

3　東京大学文学部史料編纂所 . 大日本古文書·卷之二十五（補遺二）[M]. 東京：黎明堂，1940：283.

图 3.3-1 现代截金技法流程图
（从左至右）

第二步为裁箔，利用特制的竹刀，将烧合完成的箔裁切成粗细不等、大小不一的线状、片状；

第三步为填色，根据表现需求，在粘贴截金的地方进行填色；

第四步为贴金，使用胶液、截金笔，将截金线、截箔按照既定图样或自由组合进行粘贴。

实际操作中涉及的实践内容还有竹刀制作、胶液配制等一系列工序。根据日本第二代截金"人间国宝"西出大三（1913—1995）的研究表明，日本镰仓时代的截金工艺与现在相比有所区别。二战后，日本考古学家从神奈川县镰仓时代装饰有截金的佛像内部，发现经卷以及疑似截金的道具，西出大三对这一道具的使用方法进行了再现。与现行技法不同的是，提取截金线的不是毛笔，而是用竹子削成的带有凹槽的细竹条，用其蘸取胶液后提起截金丝进行操作。胶液顺着凹槽往下流淌的同时，牵引着截金线按照既定的纹样移动贴金，从现在来看，这种操作方法要比使用毛笔难度更大。由于镰仓时代盛行曲线截金纹样，且截金线的细致程度几乎达到了极限，这种近乎苦修的操作方法与当时的截金彩色表现之间应存有其科学的理由。

二、截金的起源与在中亚的传播

（一）犍陀罗美术中的截金

东方佛教美术中的截金技法源自何时何地，尚无翔实的文献可考，但从出土

图 3.3-2　犍陀罗漆箔佛像截金，东京个人收藏，3 世纪，引自「仏像の金箔と彩色について」

的佛教美术作品来看，最早的截金表现出现在犍陀罗美术中。起初，欧洲学者一度对犍陀罗地区是否存在金色的佛像持怀疑态度，这是因为早期资讯不发达，在彩色印刷技术普及之前，图像资料多为黑白色。在不能近距离观察实物的情况下，很难从黑白图像上辨认出色彩以及金属箔的存在。此外，早期出土的犍陀罗佛像从印度被带往国外之前，表面的尘土通常会被洗涤一清，导致运送到欧洲的佛像大多呈现石头的原色。这种行为也常见于犍陀罗佛像的交易商身上，他们把佛像卖给欧美人之前，会尽可能把附在佛像表面的石膏以及粘土洗净，以致即使佛像上有金箔或者截金的存在也早被冲洗干净。由于日本商人及学者反对这样的做法，流失日本的部分犍陀罗佛像上的截金纹样得以幸存。其中，从巴基斯坦流失到日本的犍陀罗佛像中，有一尊塑像有着特殊意义。这尊塑像身体土坯的表面未刷灰浆，而是涂抹了一层厚厚的漆，并在衣裳上贴金箔。在其左膝盖下方的台座正面，装饰了类似龟甲纹（或称六角车轮形）的截金图案（图 3.3-2）。这件作品被推测制作于 3 世纪。尽管类似的作品并不多见，但这至少表明，截金在犍陀罗地区的出现时间，暂可以追溯至 3 世纪。[1]

1　永井信一 . 仏像の金箔と彩色について [J]. 女子美術大学研究紀要，1989，19：1-10.

图 3.3-3 库木吐喇第 29 窟壁画上的方形截金，周智波提供

（二）龟兹美术中的绚烂截金

截金技艺在丝绸之路北道的龟兹美术中得到了广泛的应用，出现了金箔截金、锡箔截金，以及锡箔与金箔相组合的截金表现样式。2005 年，笔者在库木吐喇 23 窟考察时发现了截金的纹样，主室左壁佛传图上铺中央说法图中，主尊袈裟的刮痕周围残留了五点截金的图案，在充足的光照下可见等间隔地排列着五点金箔，通过组合分析可知，此处原为六个菱形截金组成的纹样。虽然无法辨析图案的具体特征，但可推测袈裟被刮去的部位原来都装饰着截金纹样，这种装饰手法更常见于克孜尔第二样式的中心柱窟壁画。此外，在库木吐喇第 29 窟券顶处的佛陀袈裟上，完整地保留了方形的金箔截金（图 3.3-3），由于在石窟券顶高处而免受人为破坏。在克孜尔第 171 窟（5 世纪）主室西壁的叠涩下方，尚残留着三角形的锡箔截金图案，截金粘贴在蓝色青金石之上，目前已氧化成黑色。而在同窟主室两侧壁说法图菩萨的衣裳表面，还存留着由六片菱形金箔截金组合而成的纹样（图 3.3-4），与库木吐喇第 23 窟的截金纹样一致。近年的科学分析显示，在克孜尔第 69 窟主室东壁燃灯佛头光与身光部位（图 3.3-5），发现了以金箔截金与锡箔截银组合表现的手法，[1] 即利用金线、锡箔线的间隔排列以表现

1 谷口陽子. キジル千仏洞の壁画に関する彩色材料と技法調査: 六九窟、一六七窟、二二四窟を中心 [G]// 金沢美術工芸大学. シルクロードキジル石窟壁画の絵画材料と絵画技術の研究，2016：30-43.

图 3.3-4 克孜尔第 171 窟壁画上的截金纹样，周智波提供

光背的光辉效果，这种表现手法在中亚其他地区的壁画中实属罕见。此外，克孜尔第 38 窟的主室正壁的佛龛内部正壁，从被切割而留下的痕迹上可以推测此处原来装饰着密集的截金线。在主室左壁说法图中伎乐天身上的装饰品上，尚残留有面积较大的截金痕迹。从年代上看，经碳 -14 测定，克孜尔第 38 窟的年代为 4 世纪，与犍陀罗漆箔像的年代比较接近。从壁画的现状来看，龟兹地区的截金以点缀纹、直线纹为主，由于装饰有金箔的壁画受到人为的破坏较严重，推测在人物身上的装饰品部分，原本装饰着曲线纹截金的可能性很大。

图 3.3-5 　克孜尔第 69 窟佛陀头光与身光的截金，李佛提供

（三）敦煌美术中的截金表现

在龟兹与内陆之间的敦煌石窟艺术中也遗留着不少使用截金装饰的彩塑与壁画，为了解这一技法的传播路径提供了宝贵线索。从现有的图像资料来看，隋代敦煌莫高窟第 427 窟左右肋侍菩萨的衣裳上装饰有折线截金纹样（图 3.3-6），作为彩色纹样的补充，其图形样式朴素且未形成装饰的主纹。此外，唐代第 172 窟北壁观无量寿金变中菩萨膝盖处的截金纹样，与犍陀罗漆箔佛像台座的截金纹样具有相似的特征。而从敦煌出土的现藏于法国吉美博物馆的五代至北宋之间的绢本及麻布作品中，可以持续性地概览截金的表现，但这些截金纹样构造都趋于简单，并没有在大面积范围内覆盖表现对象而形成主纹。日本学者永井信一认为："如果能在敦煌与犍陀罗之间找到与截金相关的美术作品，那么就可以明确这一技法是伴随古代丝绸之路自西而东传到日本的。"[1] 从这一点上看，龟兹与敦煌两地的截金艺术具有重要意义。敦煌地处边疆地区，从唐代首都长安出土的佛像中，可以窥探中央与边陲地区截金艺术的关联，下面将对此作进一步介绍。

图 3.3-6　莫高窟第 427 窟北壁（左）与南壁（右）胁侍菩萨裙裳上的截金纹样，隋代

1　永井信一.仏像の金箔と彩色について [J]. 女子美術大学紀要，1989，19：7.

三、内陆佛教美术中的截金表现

除敦煌与龟兹美术之外，从北齐至南宋 700 多年的佛教美术中，可以看出内地截金工艺呈现持续的发展状态。1996 年，山东青州龙兴寺出土多尊雕像，被推测为北齐时期（550—577）所制。其中有两尊菩萨像装饰了截金纹样，一尊为石灰石雕刻，出土时色泽之艳丽令世人震惊。在这尊雕像的衣裳部位多处使用了金箔装饰，在其正面衣裙的中间部位，从腰带至小腿处有两列并排的等间隔的长方形图案，长方形边装饰着宽约 1.5 毫米的截金（图 3.3-7）；另一尊为汉白玉像，在正面腰带下方的装饰纹样上下均有两重龟甲纹，纹样上的截金剥落严重，截金线底下呈红黑色，推测为胶结材料氧化所致，或是在金箔与底色之间镶入的银箔氧化变黑。

唐代的截金继承了龟甲纹的基本特征，在图案的组合方式上更加丰富。1959年，从西安大安国寺遗址出土了大理石制宝生如来像，推测为会昌灭佛时期遭遗弃。该像表面虽然颜料剥落严重，但仍可看出当初全身曾施以华丽色彩。偏袒右

图 3.3-7 菩萨立像（左）与局部（右），青州市博物馆

图 3.3-8　西安大安国寺宝生如来像背部截金，引自「西安大安国寺遺跡出土の宝生如来像について」

肩式衣裳上有斜格网状纹截金装饰，条叶部以石青为底色，其边缘装饰着较粗的截金线；斜格子各交叉点以平行线相连，在十字交叉处装饰有截箔纹样，沿着衣纹以截金装饰（图 3.3-8）。佛像台座的莲花瓣表面残留有鲜艳的颜色，以菱形截箔组合成雪花形截金图案。这件作品综合使用了截金、截箔技法，网状纹截金线粗细均匀、图案的组合方式更显复杂，与青州龙兴寺出土的雕像截金相比，其工艺显然更趋成熟。

　　大安国寺位于唐长安长乐坊，原为唐睿宗李旦在藩时的旧宅，景云元年（710）改造为寺院，是距离唐皇城最近的皇家寺院。根据《历代名画记》记载，安国寺"经院小堂内外，并吴画。……东廊大法师院塔内，尉迟画及吴画。大佛殿东西二神，吴画，工人成色，损"[1]。这些御用画家之作估计同在会昌灭佛时期被损毁。然而，大安国寺作为皇家寺院，其藏品代表了当时唐王朝顶级的艺术水准，大安国寺出土的宝生如来像，其规格以及艺术水平之高不言而喻。一起出土的另外十尊密教佛像，现陈列在西安碑林博物馆的石刻艺术馆，依据程学华先生1961年载于《文物》第7期的报告，将其描述为"贴金画彩石刻"，是否同为截金工艺尚不明确。宝生如来像中出现的直线纹、菱形点缀纹等复杂的图案构成，对日本8世纪后半

1　张彦远 . 历代名画记 [M]. 杭州：浙江人民美术出版社，2019：52.

图 3.3-9 韦驮天立像（左）衣裳截金纹样（右），南宋

叶的截金样式产生了深远影响，例如从东大寺戒坛堂四天王像、三月堂日光菩萨像，以及稍后的兴福寺东金堂四天王像的截金纹样特征上，都能看出其与大唐截金美术的关联。

五代末期至北宋初期的截金艺术具有开创性的发展，其显著特征是曲线纹的应用。截金纹样突破了装饰图案的范畴，出现了木瓜形纹、麻叶系纹、牡丹纹等自由纹样，极具描写情趣和写实表现。例如，京都清凉寺藏的释迦如来立像，由日本入宋僧人奝然带到日本。该像以滋福殿的被称为优填王思慕像的释迦如来像为原型，请台州的木匠复刻而成。佛像身体涂漆后贴箔，衣裳表面涂朱红色，在大腿处装饰花团纹截金。这种以曲线表现花团的写实风格，与同时代日本的截金主流纹样（如斜格纹、点缀纹）相比，在技艺难度上的悬殊一目了然。可代表北宋此时期截金水平的还有浙江温州白象塔出土的观音菩萨坐像、江苏苏州瑞光寺塔发现的珍珠舍利宝幢。舍利宝幢台座上的截金纹样继承了犍陀罗佛像以及唐代截金中常见的龟甲纹，堪称北宋时期截金工艺的巅峰之作。而奝然于 986 年从中国带到日本的高度写实的曲线纹截金，为 11 世纪日本截金的发展起到了推波助澜的作用。

南宋时期，截金美术以藏于日本岐阜长泷寺的韦驮天立像为代表，该像作为守护舍利的护法神，与法舍利宋版一切经一起从中国传至日本（图 3.3-9）。在雕像的衣裳及甲胄上不仅装饰有截金，还绘有色彩鲜艳的图案。以四个菱形组成

图 3.3-10　杨贵妃观音菩萨坐像（左）衣裳截金纹样（右），京都泉涌寺，南宋，引自『聖地寧波—日本仏教 1300 年の源流』

的四角形为中心，截金线组成叶纹，每片叶子由四根截金线组成，其直线纹的组合方式远较唐代截金更为复杂。同时，七宝连纹、麻叶连纹、唐草纹等曲线纹截金，是对北宋截金的继承。另外，京都泉涌寺所藏的杨贵妃观音像（图 3.3-10），由泉涌寺开山俊芿律师的弟子湛海从南宋明州的大白莲寺与佛牙舍利一起请到日本。与长泷寺韦驮天像不同的是，该像在白色的底子上涂以金泥，在金泥上再装饰以截金，制作之初的华丽程度可想而知。[1] 该像的衣裳装饰以六角车轮形和雪花结晶的纹样，这一样式对日本平安后期至镰仓时代的截金艺术产生了影响。在南宋时期鲜有的截金作品中，还有一例是藏于美国俄亥俄州克利夫兰美术馆的观音菩萨立像。该像采用二重龟甲纹与斜格子纹结合，在重叠交叉处嵌入由六枚菱形组成的六角车轮纹样，该纹样与杨贵妃观音像、宝生如来像以及犍陀罗佛像上的六角车轮形极为相似。[2] 代表南宋截金艺术的作品还有台北故宫博物院收藏的

1　奈良国立博物館. 聖地寧波—日本仏教 1300 年の源流 [Z]. 奈良国立博物館，2009：98-99.
2　水野敬三郎. 西安大安国寺遺跡出土の宝生如来像について [J]. 仏教芸術，1983，150：153.

大理国梵画像十六罗汉，这是大理国张胜温 1170 年所画梵画像中的十六罗汉之阿氏多尊者。在罗汉红色的衣纹中置以截金，这种趋于写实表现的截金技法在当时较为罕见。南宋之后，截金工艺在中国逐渐式微。从大量流失到日本的宋元佛画，以及与宋元佛画同属一个体系的高句丽佛画中，已很难见到截金工艺的踪影。

四、截金在日本的继承与发展

从现存的佛教美术作品看，日本的截金出现于奈良时代，其纹样大体可分为点缀纹、直线纹、曲线纹、自由纹四个发展阶段，反映出截金技艺从初始形态到成熟发展的时代特征。另外，由于截金常与彩色晕染结合使用，日本学者有贺祥隆将截金与彩色纹样的组合总结为"图""底"关系，将佛像、佛画、工艺品中的截金与彩色纹样分成"地文"（底纹）与"主文"（图纹），通过底纹与图纹的不同组合形成"地文截金 / 主文彩色""地文彩色 / 主文彩色""地文彩色 / 主文截金""地文截金 / 主文截金"四种类型。[1] 在日本各朝代遗留下来的截金作品中，具有代表性且有明确年代可考的传世作品见表 3.3-1。

表 3.3-1 具有代表性且有明确年代可考的截金作品

所属时代	可考年份	传世作品
奈良时代	白雉元年（650）前后	法隆寺金堂四天王像
	天平元年（729）以后	东大寺戒坛院四天王像
平安时代	弘仁十四年（823）以前	正仓院藏弘仁十四年纳杂物帐所载新罗琴
	天历六年（952）	醍醐寺五重塔壁画
	天喜元年（1053）	凤凰堂壁画
	应德三年（1086）	金刚峰寺涅槃图
镰仓时代	建历二年（1212）	净琉璃寺吉祥天像台座
	正嘉三年（1259）	东京国立博物馆藏阿弥陀如来像

1 　有賀祥隆 . 仏教絵画における和様化—切金文様の受容と変容 [J]. 美術史，2009，166：452.

从上述约以百年为间隔的历代作品中，可以看出截金艺术的发展经历了奈良时代的勃兴期、平安时代的成熟期、镰仓时代的全盛期三个阶段。镰仓时代后期，随着泥金描绘盛行并逐渐取代截金表现，截金工艺由盛转衰。但这一技法并未失传，而是在寺院的御用截金师之间代代传承。战后，随着《文化财保护法》的出台，截金被指定为"重要无形文化财"。截至目前，已有三位截金传承人被认定为"重要文化财保持者"，俗称"人间国宝"。[1] 目前，截金工艺已经突破了民间师徒传授的传统模式，成为高等美术院校教育中传统美术保存修复的教育内容之一。其应用范围涉及传统美术作品的保存修复研究、现代艺术创作与空间设计等领域。1964 年，"文化财保存修复技术"作为文化遗产保存学的一环，被纳入东京艺术大学的教学内容中，旨在培养掌握传统艺术材料技法的修复专门人才。其中，截金技艺的研习是保存修复日本画研究室硕士课程的必修科目之一（图 3.3-11）。学校通过聘请截金"人间国宝"进入高校进行系统传授，为古典美术作品的现状摹写以及复原摹写培养人才。学生通过实践练习掌握传统截金技法，并将其应用到自己的博士课题研究中。

截金工艺不仅用于古典美术作品的保存修复领域，在现代美术创作中也得到广泛的应用。传统佛教艺术的截金主要以木板、土壁、纸绢为主要载体，当代艺术家采用玻璃、陶瓷、树脂等现代材质，将传统的截金工艺融合于现代创作中（图 3.3-12）。其纹样的组合也突破传统模式，运用点、线、面等简洁的造型元素呈现当代美感。[2] 在表现形式上，传统截金主要用于平面佛画、立体佛像以及寺庙的装饰，当代艺术家继承并发展了这一形式语言，将截金与现代工艺设计结合，甚至在空间设计领域，巧妙转化原本用于佛像、寺庙的截金装饰，使其融入当代空间艺术。尤其在公共空间设计中，现代截金工艺在不失传统意味的同时又能彰显出豪华稳重的现代美感。

1　日本三位截金"人间国宝"分别是斋田梅亭（1900—1981）；西出大三（1913—1995）；江里佐代子（1945—2007）。

2　平安仏所. 截金—江里佐代子 [M]. 京都：平安仏所，2006：54.

图 3.3-11 古代绘画截金纹样局部复原，何韵旺

图 3.3-12 "人间国宝"江里佐代子的现代截金作品，引自『截金—江里佐代子』

本节以历史时间为主轴，对已出土并散落于世界各地的佛教美术截金作品进行了较为详细的介绍。尽管犍陀罗美术与龟兹美术的关联性已得到公认，但由于犍陀罗出土的截金作品数量有限，加之龟兹地区使用金属箔装饰的壁画遭受严重破坏，很难从有限的资料中看出二者在截金表现上的绝对关联。从国内出土文物的现状来看，北齐佛像截金为中国截金的滥觞期，其工艺技巧与表现样式简朴大方。而通过唐代的敦煌壁画以及西安大安国寺出土的宝生如来像，可以看出这一时期截金工艺的水平已趋于成熟并影响到了周边地区，尤其在稍后的日本截金作品中，能明显看出受到唐代截金的影响。京都清凉寺的释迦如来立像和泉涌寺的杨贵妃观音像，展现出两宋截金全盛期的水平，并进一步影响了镰仓时代的截金表现。南宋以后，中国出土的截金作品较为罕见，而日本在镰仓时代之后，随着泥金使用的普及，截金的表现也由盛转衰。截金作为东方美术的传统彩色技法之一，是金属彩色材料重要的表现形式。对截金技法本身以及中日传统截金作品的研究，是对艺术品"历史物质性"的探讨。这不仅为我们了解和复原古代美术作品提供了更为客观的技术参照，也为研究中日间美术的传播、流变、内化、回流等历史现象，提供了更加多元的研究视角。

第四节 古代美术中的锡箔彩色技法

2005 年，笔者在克孜尔第 175 窟和第 14 窟摹写壁画期间，发现了佛龛内壁有金属箔残留的痕迹。笔者常用氧化后的银箔进行绘画创作，其视觉效果与佛龛内残留的金属箔十分相似，因此将其推测为银箔并在笔者的硕士生论文中进行介绍。2010 年，笔者再次到访克孜尔千佛洞摹写壁画，滞留期间，对龟兹地区石窟群中的佛龛使用金属箔装饰的情况展开了系统调查。调查发现，不仅克孜尔石窟佛龛使用金属箔装饰，森木赛姆石窟也存在类似的表现，而库木吐喇石窟因佛龛损坏程度严重，并未发现类似的例子。近年来，根据日本学者对克孜尔第 224 窟佛龛内部颜料的调查分析，确认了所使用的金属箔为锡箔。国内学者对锡箔表面的涂料进行了分析，发现了锡箔表面存在有机染料的使用迹象。同为丝绸之路沿线的阿富汗巴米扬壁画，也存在大量使用锡箔的现象，其技法构造与克孜尔相似，并且与欧洲中世纪绘画中使用的锡箔技法呈现出相似的特征。基于以上研究现状，本书结合古今中外的相关文献，从丝绸之路的文化环流视角，对锡箔彩色技法的流布与变迁做简要梳理。

一、锡的价值

虽然现在金、银的价格高于锡，但在古代，锡也属于贵金属的范畴。锡在地壳中的含量为 2ppm（parts per million），略高于金 0.005ppm、银 0.1ppm，但与其他金属（铁 50,000ppm、铜 70ppm、铅 16ppm）相比，实属稀有金属。在古代，为了满足那些缺乏锡矿地区的需求，长途贸易必不可少。根据 19 世纪 70 年代克勒齐乌（Cleuziou）与伯绍德（Berthoud）两人的考察，古代近东地区锡的供给主要依赖美索不达米亚。此外，阿富汗地区也有不少锡矿，也是近东国家锡的来源地之一。

在冷兵器时代，军事上使用的武器、铠甲、头盔主要为青铜制品，而锡是铸造青铜不可或缺的材料。在工业革命之前，锡与现在的石油一样具有战略地位。在《圣经》中锡曾几度被提到，例如：I will turn my hand upon thee, and purge away thy dross, and take away all thy tin.（Isaiah 1: 25）[1] 意思是我必向你伸出我的手，用炉火炼尽你的渣滓，除去你所有的铅锡。根据相关文献记载，古代从中亚销往近东地区的黄金、锡、青金石几乎是同等价格。[2] 古代印度从中亚进口多种金属，其中一部分来自贵霜帝国统治下的中亚地区。另外，与阿尔泰山紧邻的中亚地区存在大型的锡矿床，这一地区连接哈萨克斯坦、俄罗斯、蒙古、中国等边界，是欧亚文化的交集地带。当时，锡作为重要的贸易物资，经由欧亚大草原远销近东地区。[3] 虽然从有限的资料无法了解3—4世纪龟兹地区锡的具体价格，但从其储存量与用途来看，锡并非廉价产品。古代龟兹作为丝绸之路北道上欧亚经济贸易圈的重要一员，在锡贸易中具有举足轻重的地位。根据古代日本的文献《续日本纪》记载，奈良时代锡作为贵重金属受到严格管制。灵龟二年（716），太宰府的百姓被禁止将锡私有化，可以说没有锡就无法铸造奈良大佛，金属器具会更加脆弱，农具也容易折断。因此，从古代到近代，锡一直是拥有武力阶层的必需品，具有与黄金匹敌的价值。

二、锡箔作为绘画材料的记载

锡箔作为绘画材料的最早记载见于印度经典《毗湿奴法上往世书》第三部分的《画经》（Citrasūtra）中，但未提及具体的使用方法。除此之外，还提及了金、

1 R. J. Cathro. Tin Deposits and Early History of Bronze[J]. CIM Magazine, 2005(98): 1088.
2 William J. Hamblin. Warfare in the Ancient Near East to 1600 BC-Holy Warriors at the Dawn of History[M]. London: Routledge, 2006.
3 Thomas Stöllner. Copper and Tin from the Central Asian Steppe. [EB/OL]. (2018-11-18)[2019-11-04]. https://www.ruhr-uni-bochum.de/archaeologie/forschung/projekte/zentralasiatischesteppe.html.en.

银、铜、云母、铅丹、雌黄、白土、胭脂等彩色材料和金属箔的延展锻打处理方法等。[1]《画经》包含了印度古典美术黄金时代——笈多王朝（320—600）的艺术见解，这些内容区别于使用拉丁文献所记载的石灰、大理石上的画法，是 7 世纪仅有的记载黏土墙壁上的干壁画技法的古典文献。

锡箔作为绘画材料的记载更多出现在西方的文献中。12 世纪后半叶，德国牧师特奥菲卢斯（Theophilus）著有《各式各样的技能》（*De Diversis Artibus*）一书，该书描述了 11 世纪前期德国绘画技法的总体特征，对于了解文艺复兴前叶的绘画技法具有重要的参考价值。该书在第一卷第 27 节介绍了使用亚麻仁油与研磨极细的颜料混合，将之薄涂在打磨光滑的锡箔表面的"透明画"技法。[2]而在锡箔上涂绘黄色树脂以替代金箔的"伪金"技法，在中世纪的西方世界广为人知。与这一技法相关的材料记载见于《罗马人的颜料与技法》（10—13 世纪）一书，该书中提到了亚麻仁油、树皮、芦荟、琥珀等材料。[3]此外，约翰·哈德兰（John Harthan）编纂的《斯特拉斯堡技法书》（*Das Straßburger Manuskript. Handbuch für die Maler des Mittelalters*），也记载了仿造金箔的"伪金"方法。这种方法主要使用乳香粉与干性油，并加入 aleo atustrinum 或 aleo tabellinum，将黄色的液体涂在银、锡、铅表面，使之看起来像金箔一样，其具体配方如下。

先取 glassa（亮光漆）或乳香并将之研磨成粉末后再滤筛干净；然后，取 16 盎司[4]油煮热，去除表面杂质与浮物；接着，将粉末缓慢撒入热油中并搅拌，直至溶解，改用文火炖煮并持续搅拌使其不至烧焦；当颜色变深时，加入 2 盎司希腊沥青或 aleo atustrinum 或 aleo tabellinum（无论哪种都需先磨碎，且每 2 盎司配 64 盎司清漆）；此时颜色变为金黄色；充分搅拌使得颜色完全溶解入清漆；用线测试金色能否着色，能着色即表示完成，可以用于金属箔表面。它的价格为

1　定金計次. サンスクリット絵画論とインド古代壁画—理論と実際 [D]. 京都市立芸術大学，1989：57.

2　テオフィルス（森洋訳）. 様々な技能について [M]. 東京：中央公論美術出版，1996：67.

3　Eraclio. I Colori E Le Arti Dei Romani[M]. Bologna: Società Editrice il Mulino,1996：56-57.

4　盎司，英制计量单位，1 液体盎司 ≈28.413 毫升.

每半盎司 3 先令 [1]，应像其他清漆一样保存，且无论被涂在什么金属（银、锡、铅）表面，都会使之变成亮金色。注意必须在阳光下完全干燥，颜色才会清亮，且漆面具有防水性。[2]

此外，玛丽·P. 梅里菲尔德（Mrs. Mary P. Merrifield）编著的《绘画艺术的原始法则》（*Original Treaties on the Arts of Painting*），也提及了在银箔或锡箔表面涂绘 verzino 的技法。这样锡箔与银箔的光彩就会透过 verzino 而发亮。具体制作方法如下。

取一块鸡蛋大小的石灰放入水中溶解，并放置三天三夜；刮摩 verzino，并将其放进石灰水中浸泡一小时；之后，将其移至小罐里，在火上加热至沸腾，直到将其滴在指甲盖上能够停留不流淌的程度；加入一粒豆子大小的牛皮胶（或者松脂、松节油），并将容器从火上移开；取一些明矾，用枝条将其捣成条状并使其固定在末端，然后放进上述的混合物中直至其溶解；最后用过滤器将其过滤干净即可使用。[3]

欧洲画家琴尼诺·琴尼尼（Cennino Cennini）著有首部文艺复兴时期的绘画技法论著《绘画术之书》，在描述如何在金属箔上涂抹油彩颜料时指出，银箔容易氧化变黑，建议使用锡箔。[4]

三、锡箔在东西方绘画中的技法特征

（一）龟兹石窟中的锡箔彩色技法

龟兹石窟中锡箔作为装饰材料主要有两大用途：其一，使用整块规则的方形锡箔装饰佛龛内部空间；其二，将锡箔裁切成线状、菱形、方形或不规则形，通

1　先令，英国的旧辅币单位，1 英镑 =20 先令。
2　John Harthan. Das Straßburger Manuskript.Handbuch für Maler des Mittelalters[M]. New York: Transatlantic Arts, 1966: 83.
3　Mrs. Mary P. Merrifield. Original Treaties on the Arts of Painting[M]. New York: Dover Publications Inc., 1967: 92.
4　チェンニーノ·チェンニーニ（辻茂訳）. 絵画術の書 [M]. 岩波書店，2004：60.

图 3.4-1 克孜尔第
175 窟佛龛（左）及
内部锡箔（右）

图 3.4-2 克孜尔第 224
窟佛龛（左）及龛内锡箔
（右）

过组合形成装饰图案。据笔者的不完全统计，龟兹石窟中使用锡箔装饰的佛龛多
达 18 个以上（见表 3.4-1），这些佛龛主要集中在克孜尔中心柱窟，森木赛姆也
有少数的佛龛使用锡箔装饰，这些佛龛的规模大小不一，最小的为第 14 窟，最
大的为新 1 窟，高达 268cm。锡箔主要粘贴于佛龛内侧壁，以及头光与身光以外
的区域。使用锡箔装饰的佛龛具有两个共同特征：其一，在同一洞窟的多个佛龛
中，一般只有主室正壁的佛龛使用锡箔装饰，该佛龛面对石窟入口，正面受光；
其二，除个别主题不明外，使用锡箔装饰的佛龛主题均为"帝释窟说法"。锡箔
的彩色技法可分为以下三大类。

　　类型 A：将锡箔直接粘贴于佛龛内部，从氧化成黑的现状判断，其表面应涂
绘有其他颜料（图 3.4-1）。

类型 B：在锡箔表面使用青金石蓝色绘制椭圆图案，此类型装饰手法仅见于克孜尔第 224 窟（图 3.4-2）与森木赛姆第 26 窟。

类型 C：将锡箔裁切成几何形状，组合成装饰纹样，其表面有时会涂绘其他有机材料，多数目前已经褪色或氧化（图 3.4-3）。以下将克孜尔与森木赛姆石窟佛龛以及所使用的锡箔的尺寸统计如表 3.4-1。

表 3.4-1　克孜尔、森木赛姆石窟主室正壁佛龛与锡箔的尺寸一览表（2010 年）

石窟	编号	年代	形制	佛龛尺寸 /cm			锡箔尺寸 /cm	
				宽	高	深	短边	长边
克孜尔	4	7AD	中心柱	87	176	35	7.5	7.5
克孜尔	8	7AD	中心柱	165	204	75.7	8	8
克孜尔	13	5AD	中心柱	未测量				
克孜尔	14	6AD	方形窟	89.5	106	56.3	9	9
克孜尔	27	7AD	中心柱	102	222	68	8	8
克孜尔	34	5AD	中心柱	102	145	46	7	9
克孜尔	38	4AD	中心柱	106.5	135	57.5	8.5	8.5
克孜尔	43	9AD	中心柱	150	210	70	8	8
克孜尔	58	7AD	中心柱	98	152	60	7.5	7
克孜尔	171	5AD	中心柱	173	210	93.5	7.5	7.5
克孜尔	175	6AD	中心柱	100	164	63.5	7	7
克孜尔	205	7AD	中心柱	107	138	68	8	9
克孜尔	206	7AD	中心柱	133	154	60	8	8
克孜尔	219	7AD	中心柱	150	240	82	8	9
克孜尔	新1	7AD	中心柱	204	268	125	未测量	
森木赛姆	1	6AD	中心柱	105	147	95	8	9.5
森木赛姆	32	5AD	中心柱	90	130	46	8.5	10
森木赛姆	26	5AD	中心柱	100	135	42	7.5	7.5

图 3.4-3 克孜尔第 171 窟壁画中的锡箔截金，周智波提供

近年的科学分析显示，虽然克孜尔石窟中使用到的金属箔有锡箔和金箔两种，但二者使用的胶结材料却不同：锡箔使用干性油粘贴，而金箔则使用紫胶粘贴。紫胶，俗称虫胶，这种材料因加工方法不同，可以生成暗红色的颜料或作为金箔的胶结材料。[1] 在同一个石窟中使用不同的金属箔，并且区分使用不同的胶结材料的现象，从侧面说明金属箔作为绘画彩色材料在龟兹地区的发达程度。

（二）巴米扬壁画中的锡箔彩色技法

位于阿富汗中部兴都库什山脉的巴米扬地区，5 世纪以后作为连接西亚、中亚、印度与中国的交通要冲，其宗教文化的繁荣为后世留下众多的佛教壁画遗产。在巴米扬 N（a）、F（c）、S（a）等石窟壁画中，锡箔的表现技法多种多样，有些用于装饰佛陀圆形光背与光背之间的间隙；有些则用于点缀衣裳上的装饰图案（图 3.4-4），通常以方格状的金箔与锡箔等间隔排列而形成装饰美感。此外，巴米扬壁画的中的"伪金"技法，显示出与西方绘画技法的高度关联。根据谷口阳子的科学分析，巴米扬 N（a）窟天井梁部侧壁的唐草纹图案（图 3.4-5），其技法流程为：先在墙壁上制作隔离层，继而以干性油为主要成分再制作一个基底层，然后用铅白与干性油的混合材料作为壁画的白底层。在此基础上，以干性油为胶结材料粘贴锡箔，在锡箔上用黑色线条勾出图案轮廓后，以红色颜料着色。

1　Zhibo Zhou, Ling Shen, Chenlu Li, et al. Investigation of Gilding Materials and Techniques in Wall Paintings of Kizil Grottoes[J]. Microchemical Journal, 2020: 7.

图 3.4-4 巴米扬 S(a) 窟中的锡箔装饰纹样残片，谷口阳子提供

图 3.4-5 巴米扬 N(a) 窟天井壁画中的锡箔唐草纹，谷口阳子提供

其图案背景的锡箔表面涂以黄色的天然树脂，形成类似金箔的视觉效果（图 3.4-6），[1] 其技法构成颇为复杂。基于以上的科学分析，东京艺术大学佐藤由季博士参照相关古文献记载，对 N（a）窟的天井壁画技法进行了想象复原（图 3.4-7）。

如前所述，使用锡箔制造"伪金"的技法在西方中世纪绘画中较为常见，在欧洲广为人知。但从年代上看，巴米扬壁画中的"伪金"技法比欧洲中世纪的文献记载要早近 6 个世纪。虽然古代欧洲使用"伪金"一般认为是用于替代金箔，但这一目的是否可以用于解释巴米扬壁画中的伪金还有待商榷。因为 N（a）窟使用该技法的壁画位于天井梁部侧面，而正面的主尊佛像使用的是金箔。在同一个区域采用不同的技法，基于成本考量的可能性很小。一般而言，材料的选择与其来源、价格、加工技术以及材料本身的耐久性等多种因素有关，同时还需要考虑到作品所处的环境与鉴赏者的观赏角度之间的关联。巴米扬 N（a）窟中的锡箔彩色构造，从材料本身到使用方法，与中世纪欧洲技法书中的描述有诸多相似之处。另外，据名古屋大学年代综合中心的研究显示，巴米扬地区使用干性油作为胶结材料的壁画，其年代集中在 7 世纪中叶至 9 世纪。这些壁画所在的石窟，其形制具有共同特征——石窟天井均为套斗式藻井，这种套斗式天井受到木构建筑样式的影响，至今仍可在巴基斯坦山区的民房中见到。由于存留下来的巴米扬

---

1 谷口陽子. バーミヤーン仏教壁画の材質分析（2）シンクトロン放射光を用いた N(a) 窟における錫箔を用いた技法の分析 [J]. 保存科学，2006，46：185.

图 3.4-6　巴米扬 N(a) 窟天井壁画中的锡箔唐草纹，复原品

图 3.4-7　巴米扬 N(a) 窟天井壁画复原，佐藤由季

壁画较少，在其前后时期是否存在更多的锡箔技法较难考证，但从其复杂的制作程序与色彩构造看，显然经过了长时间的发展成熟，而非偶然现象。

（三）西方中世纪绘画中的锡箔彩色技法

如前所述，特奥菲卢斯编著的《各式各样的技能》一书，描述了 11 世纪前期德国绘画技法的总体特征，该书第一卷第 27 节介绍了使用亚麻仁油与研磨极细的颜料混合，将之薄涂在打磨光滑的锡箔表面的"透明画"技法。[1] 但在同时期同地域的绘画遗存中，尚未发现运用这一技法绘制的画作。该书问世后，绘制于 13—14 世纪的挪威教堂祭坛画（图 3.4-8）中使用了这一技法。与特奥菲卢斯的描述不同的是，这些作品除少数使用锡箔外，绝大多数都用银箔替代，使用到的颜料种类有红色、绿色、蓝色以及金黄色天然树脂。由于银箔氧化变黑丧失了光反射作用，原先鲜亮的色彩显得暗淡，反而原先未使用银箔的地方更显明亮。通过对作品的复原，可以重现银箔表面重叠其他颜色的色彩效果（图 3.4-9）。

关于这些作品中使用银箔而不使用锡箔的原因，东京艺术大学油画保存修复专业的高桥香里博士进行了相关研究。相比较锡箔而言，在银箔上涂绘颜色的画面具有更高的明度，由于北欧地区的平均日照时间短，在昏暗的教堂内使用烛光照明的情况下，银箔上涂色的技法更有利于人们观赏。高桥香里以分光实验分析所得的数据为参照，结合当地的自然环境以及观赏者的视角展开分析，其结论具有较强的说服力，但对这一技法的渊源未作进一步考察。[2] 此外，12 世纪法国南部的摩萨克修道院教堂（Chapel of the ancient abbey Mixtion home in Moissac）；13 世纪的卡奥尔圣教堂（The cathedral Saint-Etienne in Cahors）等宗教绘画中，锡箔的使用也比较普遍。

如上所述，从中亚到地中海世界的美术作品中，锡箔彩色技法得到广泛应用，其技法特征因地域有别呈现不同特征。本书提及的克孜尔第 224 窟、森木赛姆第

1　テオフィルス（森洋訳）. 様々な技能について [M]. 東京：中央公論美術出版，1996：67.
2　高橋香里. 金属箔を使用した西洋中世油彩技法の考察 [D]. 東京藝術大学修士論文要旨，2016：72.

图3.4-8 挪威教堂祭坛画，引自 *Painted Altar Frontals of Norway 1250-1350*

图3.4-9 挪威教堂祭坛画复原图，引自 *Painted Altar Frontals of Norway 1250-1350*

26窟佛龛中在锡箔上涂绘青金石蓝色的技法，以及巴米扬N（a）窟天井壁画中的"伪金"技法，与挪威教堂祭坛群画、欧洲中世纪诸多技法书中关于锡箔彩色的相关记载，从东西方文化交流的视角看，其关联性的深入研究都值得期待。此外，锡箔彩色技法的起源有待更加深入的科学分析。从年代上看，克孜尔第38窟是已知最早使用锡箔的石窟，尽管美术史上将其断代为7世纪，但根据宿白先生的碳-14测定，其年代为4世纪。近年的日本学者认为，巴米扬M窟、J窟群壁画的表现主题以及技法明显受东面克孜尔的影响。[1] 如果克孜尔第38窟经碳-14测定的年代准确，克孜尔石窟的锡箔彩色技法要比巴米扬N（a）窟（7世纪）早300多年。一般认为，绘画技法的发展往往会经历从简单到复杂的演变过程，如果这个假设成立，锡箔技法先在龟兹地区发展并成熟，之后经由巴米扬地区流传到地中海世界的可能性很大。

1　岩井俊平. 中央アジアの壁画の放射線炭素年代と美術編年の比較 [J]. シルクロードの壁画—東西文化の交流を探る，2007：95-104.

第四章
现状摹写与复原研究

在摄影技术、高清扫描、3D 打印日益发达的今日，以保存为目的的现状摹写，其作为图像存续的意义正在遭受质疑。但在美术遗产保存修复的教学与研究中，现状摹写教育的重点在于古典绘画的材料技法研究。在保存修复专业成立之前，不管研究对象的支撑体是纸还是绢，均采用纸来摹写。但近年来，摹写要求变得更加细化：纸本的用纸、绢本的用绢、木板的用木板，甚至对于纸本原作的纤维构造，绢本经纬线的粗细及密度、颜料的成分等，都要求在摹写时提供科学的依据。以保存为目的的现状摹写，一面维持着图像传承的功能，而深悟图像背后的传统材料、技法的历史意义成了面对时代质疑的重要支撑。复原研究作为美术遗产保存修复研究的最高阶段，基于科学调查与史实考据，运用与原作相同的材料和技法，尽可能忠实地呈现作品在动态的历史发展中的某个片段，其研究构成与成果体现了美术作品的历史物质性，与美术史研究形成良性互补。学者巫鸿提出美术的"历史物质性"概念，其本身作为方法论提倡美术史研究的原点应该是艺术品"原物"而非"实物"，这一观点对于美术遗产保存修复领域的复原研究具有重要的理论价值与指导意义。

第一节　图像的传摹与增殖

　　写本时代，文字及图像的保存与传播完全依赖手工摹拓。宋代郭若虚《图画见闻志》记载："旧称周穆王八骏，日驰三万里。晋武帝时所得古本，乃穆王时画，黄素上为之。腐败昏聩，而骨气宛在。逸状奇形，实亦龙之类也。遂令史道硕模写之，宋、齐、梁、陈以为国宝。隋文帝灭陈，图书散逸，此画为贺若弼所得。齐王柬知而求得之，答以骏马四十蹄，美锦五十段。后复进献炀帝。至唐贞观中，敕借魏王泰，因而传模于世。"[1] 如果郭若虚所言属实，《八骏图》从西周到唐贞观一千多年的传承，靠的是世代相传的模写。现在，在学习传统书画的过程中，临摹仍是必修课程。就书法而言，"临摹"是将碑帖放置在一旁，然后在另一张纸上模仿练习。水墨写意画的临摹与书法类似，或以炭笔先取大形再入笔墨。工笔画则将原作的印刷品置于白纸之下，勾线取形后再行着色作业。在日本，与临摹对应的行为被称为"模写"，是用极薄的和纸敷在原作（现在一般用印刷品代替）之上，双勾外形后再填墨或填彩，不论是书法、写意水墨画还是工笔重彩画均采用这种方法。如果是现状模写，甚至连原作颜料的剥落、变色、污痕都要忠实地呈现出来。

一、"临""摹"之辨

　　清代方薰《山静居画论》记载："古人摹画亦如摹书，用宣纸法蜡之备摹写。

1　郭若虚. 图画见闻志 [M]. 北京：中国书店，2021：103-104.

唐时摹画谓之拓画，一如宋之阁帖有官拓本。"[1]可见，在唐代摹写古画被称为"拓画"，其方法与书法的摹拓相似。对书法摹拓进行系统研究的是中田勇次郎的《古法书的真迹本和临摹本》（古法书の真迹本と临摹本），该文系统梳理文献中的"摹拓"记载，详细考察了唐及唐以前的摹本、双钩填墨、摹拓、临、摹、硬黄、响拓等摹写复制技术。摹拓是以"薄油纸覆古帖法书之上，随其大小轻重而拓之。若摹画之摹，故谓之摹"，摹拓的技术核心是双勾廓填，把薄纸覆在原画之上，双勾外形甚至线条，然后照原样填墨赋色。在书法摹拓技术发展过程中还有响拓、硬黄等技法，都是跟书法的复制技术相关。响拓是借助从窗户摄入的光线看清书帖字迹的方法；硬黄为唐代所创，是在薄纸上涂黄蜡，因色黄且硬而得名，据说涂蜡既便于看清书帖上的字迹，又可以防止勾摹时墨水渗透纸背而污损原帖。[2]响拓与硬黄是否用于画作的摹写不得而知，但以现在的经验判断，因蜡有排水性，如果在薄纸上涂蜡，应该会影响后期的着色作业。

《历代名画记》记载："好事家宜置宣纸百幅，用法蜡之，已备摹写。顾恺之有摹拓妙法。"可知顾恺之不仅是一位出色的画家，并且深谙绘画的摹写妙法。又载："古时好拓画，十得七八，不失神采笔踪。亦有御府拓本，谓之官拓。国朝内库、翰林、集贤、秘阁，拓写不辍。承平之时，此道甚行，艰难之后，斯事渐废。"[3]从这些记载可知，西晋画家身体力行参与摹画。至唐代，统治者有意识地通过行政力量从官方层面组织开展摹写工作，使优良的绘画作品可以传摹于世，甚至拓本还有官方与民间的不同版本。摹拓可以精准地再现原作的形态特征，由此推知，唐代及以前的书画摹本，应该都比较客观地保留了原作的信息，"摹拓"之"摹"通"模"，包含了照着原样复制的语义。

唐代后期，随着魏晋名家真迹鲜见，加之"安史之乱"，书画摹拓日渐式微，甚至出现了临摹与拓摹混淆的现象。宋代黄伯思《东观余论》论临摹二法记载："世人多不晓临摹之别。临，谓以纸在古帖旁观其形势而学之，若临渊之临，故谓之

1　方薰. 山静居画论 [M]. 郑拙庐，标点注译. 北京：人民美术出版社. 2016：42.

2　刘光裕. 印刷术以前的复制技术（一）——搨书与拓石的产生、发展 [J]. 出版发行研究，2000（8）：70.

3　张彦远. 历代名画记 [M]. 杭州：浙江人民美术出版社，2019：29-30.

临。摹，谓以薄纸覆古帖上，随其细大而拓之，若摹画之摹，故谓之摹。又有以厚纸覆帖上就明牖景而摹之，又谓之响拓焉。临之与摹，二者迥殊，不可乱也。"[1]可见"临摹"一词实则包含临写与摹写两种行为。日本的"模写"概念源自古代中国"六法"之"传移模写"，并明确区分了模写与临写。临写是指在模写后期，将原作放在摹品旁边对照其颜色进行深入描绘的方法。倘若将临摹分为临写与摹写，其语义可与日本的临写与模写形成对应关系（图 4.1-1）。

唐代的书画摹拓技术传入日本的具体时间尚不明确，但书法拓本在空海入唐前就已传至日本。《东大寺献物帐》的宝物目录中记载有书法二十卷，开头明确写着"拓晋右将军王羲之草书"[2]。《东大寺献物帐》是光明皇后（当时的皇太后）为了祭奠圣武天皇而向东大寺献上的宝物目录，其中记载的王羲之书法应该是唐代的摹拓本。如今，日本艺术大学中推行的书画临摹教学仍被称为"模写"。其方法是将质地薄且韧性强的美浓纸（和纸的一种）覆盖在原作的高清图像资料之上，用淡墨将图像双钩后填墨或填色，这种方式颇有中国古代书画摹拓的意味。美浓纸因主要用于摹写真迹而被称为"粉本纸"，这一记载见于日本最早的绘画技法书《本朝画法大传》中。[3]从技法原理与摹写目的上看，日本的"模写"继承了中国魏晋发展至唐代的书画摹拓技术与精神。在古代绘画的保存修复研究领域，现状摹写不仅要求对原作气韵与笔法的准确把握，就连支撑体与材料的选择也力求忠实于原作。随着图像复制技术的发展，文化遗产保存修复研究领域中的摹写被赋予了新的使命。从美浓纸在古代被称为"粉本纸"来看，摹写与粉本之间存在着表里一体的关系。在写本时代的"汉字文化圈"，绘画艺术经典图像的传承主要依赖摹写。优秀的粉本因具有示范作用而被奉为原本，通过摹拓生成摹本，优秀的摹本历经年月澄汰而成粉本，如此周而复始，代代相承（图 4.1-2）。

1　黄伯思. 东观余论 [M]. 北京：人民美术出版社，2010：61.

2　東大寺献物帳 [Z]. 博物館蔵版，1880.

3　染谷香理. 日本画画材関連史料翻刻集（江戸前期篇）[M]. 東京藝術大学大学院文化財保存学保存修復日本画研究室，2018：12.

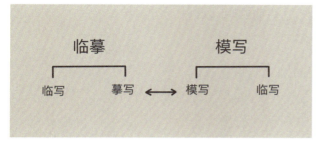

图 4.1-1　摹写的概念

图 4.1-2　摹写、粉本、原本的关系图

二、图像的增殖与繁衍

　　如果说摹拓在写本时代背负着与原作别无二致的复制的使命，那么在艺术创作中，同一粉本在不同时空与支撑体上的传模移写，往往伴随作者在此过程中注入的主观创造与时代审美特征。粉本被改造的结果，促使图像实现了增殖与繁衍。

　　大英博物馆藏 9 世纪末绢画《金刚力士像》（图 4.1-3）中，线条短促有力、顿挫起伏，设色浓淡相宜，与同时期的其他画像相比堪称精品。力士健硕的肌肉与网格状的凹凸晕染并非客观写实，而是追求装饰的美感与情绪的表达。[1]佛教造像自古以谨细均匀的铁线描为主流，而抑扬顿挫的线条为吴道子所创，米芾在《画史》中称其线条"行笔磊落，挥霍如莼菜条，圆润折算，方圆凹凸，装色如新"。该作没有留下供养者姓氏，无法推测其绘制年代，但从其圆熟的造型与色彩表现来看，其年代应在吴道子创"莼菜条"之后，而在此之前应该存在多个相似的造像版本。

　　现藏于东京大学工学部建筑学研究室的《金刚力士像》拓本（图 4.1-4），是日本学者于 1908 年在洛阳千祥庵存古阁的佛龛石刻上拓得。根据题记可知该像造于久视元年（700），除了头部朝向不同外，该像右手上扬拳头紧握、双脚站立的姿势以及左脚大拇指强烈地弯曲等特征，都与敦煌绢画的金刚力士像有诸多共性。从用线特征上看，石刻力士像使用了粗细一致的铁线描，相较于绢画力士像更具写实性。例如，腰部因为腰带紧束而造成腹部肌肉的挤压，左脚上抬而形成膝盖上方裤子的褶皱等细节描写，均刻画得真实自然。久视元年为初唐时期，

1　長広敏雄 . 敦煌絹幡「金剛力士像」について [J]. 東方学報，1964：551-558.

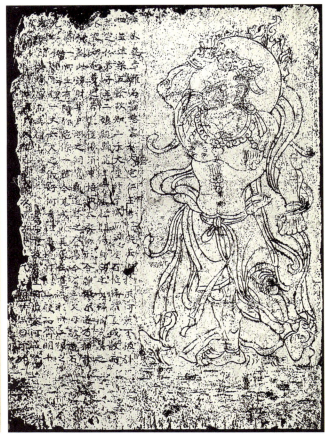

图4.1-3 《金刚力士像》
大英博物馆藏

图4.1-4 洛阳千祥庵《金刚力士像》拓本，久视元年（700），东京
大学藏，引自「敦煌絹幡「金剛力士像」について」

对比西安唐代同时期的墓室壁画，不难发现以铁线描造像、追求写实是当时的主流特征。从西安大雁塔的石刻造像（图4.1-5），可窥探初唐时期长安中央画坛力士造像的特征。大雁塔为慈恩寺三藏法师玄奘发愿，于永徽三年（652）创建，可推测该像造于652年前后。虽然该像右半边遗失，但从左边的残像中可以看到清晰的铁线描，与洛阳千祥庵力士像极为相似，尤其是对左脚的描绘更加写实。由此可见，初唐时期西安与洛阳两地的力士造像均采用了铁线措，崇尚自然写实，而这一特征在9世纪的绢画力士像中却荡然无存。从7世纪后半叶至9世纪末，敦煌、西安与洛阳三地力士造型的母体基本不变，但线条的风格特征与审美发生

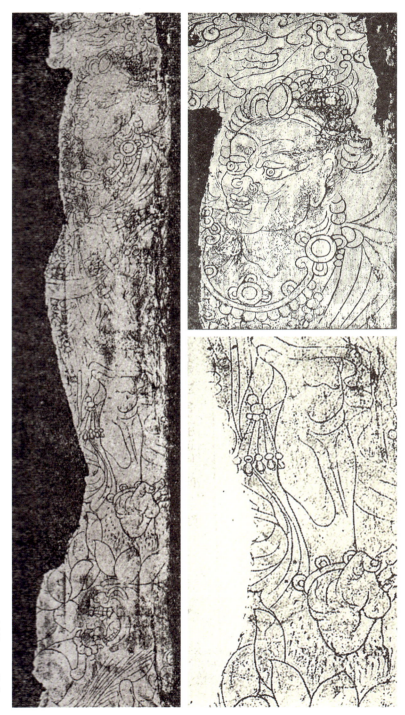

图 4.1-5　西安大雁塔《金刚力士像》拓本（左）及局部（右），永徽三年（652），引自「敦煌絹幡「金剛力士像」について」

图 4.1-6 敦煌莫高窟第 57 窟《金刚力士像》现状（左）及线稿整理（右）

了微妙变化，同一造型母体在不同地域以及支撑体上的流布与变迁，深刻地诠释了中国古代图像传承中"传移模写"的重要作用。

　　另有一例力士造型样式在敦煌壁画与绢画中的流通，也展现了同一图像在不同支撑体上的增殖与繁衍。敦煌莫高窟第 57 窟南壁是一铺初唐时期的说法图，画面下方左右两边分别绘有一身金刚力士，虽然五官及肢体轮廓模糊，色彩漫漶不清，但借助高清图像仍可识别其造型的特征。说法图左下角的《金刚力士像》（图4.1-6）与大英博物馆藏《金刚力士立幡像》（图 4.1-7）、法国吉美博物馆藏绢画《金刚力士立幡像》（图 4.1-8）的造型酷似。从年代上看，莫高窟第 57 窟的《金刚

图 4.1-7　《金刚力士立幡像》大英博物馆藏
（9世纪）

图 4.1-8　《金刚力士立幡像》吉美博物馆
藏（9世纪）

力士像》应为早期样式。在古代的佛教绘画领域，同一粉本被用于不同场合或传模于其他支撑体的例子并不罕见。在西安兴教寺发现了将手卷摹刻于石刻上的《捣练图》，在很多唐代的墓室壁画中，也存在同一粉本反复使用的实物例证。[1]

从上述金刚力士像的传承与演化可以看出，宗教绘画的粉本具有规范性，因此图像的传承可以跨越时空在不同的载体上实现共享。另外，规范性并非一成不变，画师在传摹誊写的过程中，图像的母体会发生微妙的变化，并被不断地完善。

三、粉本与画稿

由于粉本具有规范性，"粉本主义"被用于形容顽固不化、教条式地遵守某一规约的行为。但作为美术用语的"粉本"一词究竟为何意？通常，粉本被理解成画稿或者草图，夏文彦《图绘宝鉴》载："古人画稿谓之粉本。前辈多宝蓄之。盖其草草不经意处。有自然之妙，宣和绍兴所藏粉本，多有神妙者。"[2] 夏文彦为元末明初的画家，所见画稿多为"草草不经意"的写意性草图，这也道出了元末明初的绘画生态。实际上，粉本之"粉"蕴含着可供解读的双重意义：其一，技术层面的含义，即画稿上图像的"转移"技术；其二，粉本有无预示着绘画创作风格的转变。《图画见闻志》记载了唐代画家周昉受唐德宗李适之命为章明寺绘制壁画的逸闻，或许有助于理解"粉本"概念的由来。书中写道："德宗建章明寺，召皓云：闻卿弟善画，欲使之画章明寺壁，卿特为言之。又经数月，再召之，昉乃就事。落土之际（土锥，朽画者也）。都人士庶，观者以万数。其间鉴别之士，有称其善者，或指其瑕者，昉随日改定。月余，是非语绝，无不叹其神妙。"[3] 文中赞叹都人士庶关注周昉绘制壁画的场景，而更值得注意的是，郭若虚在"落土"后面的注释内容。"落土"之"土"即"土笔"（朽笔），京城人士纷纷前来围观，为的是一睹著名画家的画稿。周昉的画稿与一般的草图不同，是用锥子沿着

1 徐涛, 师小群. 石椁线刻与粉本的形成方式——兼论唐陵墓壁画图像粉本的来源 [J]. 古代墓葬美术研究, 2013：246-247.

2 韩格平. 元代古籍集成：第二辑 [M]. 北京：北京师范大学出版社，2016：20.

3 郭若虚. 图画见闻志 [M]. 北京：中国书店，2021：116.

图 4.1-9　佛坐像粉本，五代

画稿上的图像轮廓线打出小孔，再将画稿以某种方式固定于墙上，用朽笔透过小孔将黑色炭粉涂到墙壁上，再根据这些黑点在墙上绘制壁画，画稿因此被称为"锥朽之画"。从敦煌莫高窟出土的带孔画稿实物（图 4.1-9），证实了"锥朽之画"的存在。此外，这则逸闻也从侧面说明了周昉的画稿并非草草之作，而是虚心地接纳了前来围观的同行意见，又耗时一月有余反复修改，直至"是非语绝，无不叹其神妙"后才开始着手绘制壁画，可见唐代的粉本是完成度非常高的画稿。清代方薰《山静居画论》记载："画稿谓粉本者，古人于墨稿上加粉笔，用时扑入缣素，依粉痕落墨，故名之也。"[1] 方薰不仅解释了什么是粉本，还对这一称谓的由来作了解释，是因为在墨稿上加粉笔而得名。但方薰所举例子是绘制绢画的

1　方薰.山静居画论 [M].郑拙庐，标点注译.北京：人民美术出版社.2016：36.

操作，实际上，绢画的草图转印与壁画不尽相同，宋代开始，绢布细腻如纸，是完全可以将草图放置在画绢之下透而视之来完成转印的。另一种则是在草图背面涂上碳粉拷贝，与今天的复写纸相似。

另一则关于粉本取舍的逸闻则预示着绘画风格的转变。《太平广记》记载：唐玄宗"忽思蜀中嘉陵江山水，遂假吴驿递，令往写貌。及回日，帝问其状。奏云：臣无粉本，并记在心。遣于大同殿图之，嘉陵江三百里山水，一日而毕。时有李将军山水擅名，亦画大同殿壁，数月方毕。玄宗云：李思训数月之功，吴道玄一日之迹，皆极其妙也。"[1] 虽然不知这则轶闻是否属实，但从吴道子回答玄宗皇帝的话语可知，"粉本"一词在唐代已是约定俗成的术语，粉本是唐代及以前大型重彩壁画创作中不可或缺的道具之一。粉本如果只是一般草图，就不存在吴道子与李思训绘制时间上的巨大悬殊。粉本有无，实则暗含着李思训与吴道子两种完全不同的创作风格。《图画见闻志》记载："尝观所画墙壁、卷轴，落墨雄劲，而傅彩简淡。或有墙壁间设色重处，多是后人装饰，至今画家有轻拂丹青者，谓之吴装。"[2] 可见吴道子所画山水轻色重墨，已经脱离青绿重彩，如方薰《山静居画论》记载："人物古多重色设，惟道子有浅绛标青一法。宋元及明人多宗之。其法让落墨处以色染之，觉风韵高妙。"[3] 正是由于吴道子深谙"浅绛标青"之法，所画山水勾皴擦染而不施以重色，才有可能将嘉陵江三百里风光在大同殿上一日完成。而李思训所使用的粉本，是经过深入描绘的画稿，在拷贝上墙以后，重彩渍染，耗时数月，绘制的是工致细腻、多重设色的大青绿金碧山水。传承唐代金碧重彩并融合宋代水墨精神的狩野派，是日本绘画史上历时最长的御用画派。狩野派的学画顺序是"以临摹为始，以临摹为终"，非常注重粉本的传承与使用，若粉本毁于火灾，画家的事业也就终止了。

李清泉在对宣化辽墓壁画的研究中，总结了古代粉本使用的几种方法：第一，

---

1 李昉，等.太平广记 [M]. 北京：中华书局，1961：1622.
2 郭若虚.图画见闻志 [M]. 北京：中国书店，2021：28.
3 方薰.山静居画论 [M]. 郑拙庐，标点注译.北京：人民美术出版社，2016：64.

依粉本原样复制或稍事移改；第二，粉本正面与背面的反转使用；第三，原粉本人物位置的腾挪闪让与打散重组；第四，不同粉本的相互拼合利用；第五，粉本的借用。[1] 锥朽、画稿、粉本以及摹写是古代绘画传承延续的基本技法。克孜尔壁画中看似雷同的形象组合，是通过简单改变粉本细节实现图像的再生；日本法隆寺二号与五号壁画出于同一粉本，是通过镜像翻转来实现的。作为连接东西方文化艺术的重要纽带，佛教美术在不同国家乃至同一国家的不同地域之间，基于相同教义和仪轨，宗教美术图像的生产既相互区别又具诸多共性，而这些形态得以传承的重要因素正是"传移模写"。通过摹写，不仅实现了图样在不同时空的传播，还使得相同图像在不同支撑体上的创作成为可能。从壁画到屏风，从屏风走向更为独立的纸绢载体，在此演变过程中，与绘画表现相关的材料技法，伴随摹写行为进入美术史研究视野。在图像传承过程中，不同的文化语境赋予了不同的诠释，造就了相同教义与仪轨下丰富多彩的宗教美术表现样式。

1　李清泉. 粉本——从宣化辽墓壁画看古代画工的工作模式 [J]. 南京艺术学院学报（美术与设计版），
　　2004（1）：37-38.

第二节 《孔雀明王像》现状摹写

本节的目的在于通过《孔雀明王像》(东京艺术大学藏,以下简称"艺大本")的现状摹写,探讨绢本支撑体的孔雀明王像在镰仓时代所展现的材料与技法的特征。孔雀明王的造像源于印度,流行于汉字文化圈诸国,而绘制在绢本上的孔雀明王像,其遗存主要集中在日本,其中包括来自中国现藏于京都仁和寺的《孔雀明王像》。因此,通过对艺大本的现状摹写,以此为契机深入理解镰仓时代绘制孔雀明王像在技法上的共性与差异,对作品予以重新解释。

一、孔雀明王造像的美术史考察

我国现存有 6 部汉译本《孔雀明王经》,分别为东晋帛尸梨密多罗译《佛说大金色孔雀王咒经》1 卷;失译者名《大金色孔雀王咒经》1 卷;后秦龟兹鸠摩罗什译《孔雀王咒经》1 卷,文末译有孔雀王咒场;南朝梁僧伽婆罗于 516 年译《孔雀王咒经》2 卷,为此经的首次全文翻译。唐义净于 705 年译《佛说大孔雀咒王经》3 卷,附有《坛场画像法式》;唐不空译《佛母大金曜孔雀明王经》3 卷,附有《佛说大孔雀明王画像坛场仪轨》1 卷。[1] 关于孔雀明王的造像记载可见于《宣和画谱》,相传阎立本、吴道子、卢楞迦、翟琰、姚思元、杜倪、曹仲元等人均有创作过孔雀明王像,但实际上存世的造像遗存极为罕见,而在敦煌壁画,大足石刻中尚存

---

1 任曜新,杨富学.《孔雀明王经》文本的形成与密教化 [J]. 陕西师范大学学报(哲学社会科学版),2012(5):107-108.

为数可观的孔雀明王像。[1] 孔雀明王造像开始在日本形成规范，是空海从中国将不空翻译的《佛说大孔雀明王画像坛场仪轨》带到日本以后逐渐发展起来的，仪轨对于孔雀明王的描述如下：

> 于内院中心画八叶莲华，于莲华胎上画佛母大孔雀明王菩萨，头向东方，白色，著白缯轻衣，头冠璎珞、耳珰臂钏种种庄严，乘金色孔雀王，结跏趺坐白莲华上、或青绿花上，住慈悲相，有四臂，右边第一手执开敷莲华，第二手持俱缘果（其果状相似水瓜），左边第一手当心掌持吉祥果（如桃李形），第二手执三五茎孔雀尾。[2]

根据《佛说大孔雀明王画像坛场仪轨》记载，孔雀明王有四臂以表其慈悲，身着白色衣装以表其庄严。结跏趺坐于金色孔雀上的莲花座上，四只手臂分别手持开敷莲花、俱缘果、吉祥果和孔雀尾羽。在密教绘画中，尤其是在经轨与法流中非常重视画像的传承——虽然金色的孔雀并不少见。在日本绘制的孔雀明王像，大体都是基于不空所译的仪轨绘制而成，除此之外的孔雀明王像都被认为是非正统的。在《别尊杂记》卷十五中，有关于基于空海请来以外的佛经而制作的孔雀明王画像的记载："尊像可依本轨，但智证大师请来像本身为白黄色，若是向东方可修者兼黄色欤，又宋朝本八、四臂之中左右二手各持莲花云云，又有古像作二臂，左持孔雀尾或持吉祥果，四臂又加二臂并六臂，也其二手持物可寻见之。"由此可知，存在着智证大师圆珍请来的黄色孔雀，从宋代请来左右两臂都手持莲花的明王像，还有两臂手持孔雀尾羽和吉祥果的六臂明王像。尽管如此，除仁和寺版本以外，这些图像形式在日本尚未进入正统体系，因而也就未能被摹写或是在传法与受法过程中被继承发展下来。

根据日本学者柳泽孝的研究，日本现存的孔雀明王像大概可以分成三大类别，

1　王惠民. 论《孔雀明王经》及其在敦煌、大足的流传 [J]. 敦煌研究，1996（4）：37.

2　不空译. 佛说大孔雀明王画像坛场仪轨 [M/OL].（2025-02-03）[2025-04-17]. https://cbetaonline.dila.edu.tw/zh/T0983A.

法隆寺藏本和文化厅藏本分别属于第二类和第三类，其他的全部归为第一类，[1]
现将不同样式的孔雀明王像归纳如下（见表 4.2-1）。

表 4.2-1　不同样式 / 系统的孔雀明王像

样式 / 系统	版本	年代	备注
第一类样式（大师样系统）	智积院藏本	镰仓时代	重点文物
	滋贺总持寺藏本	不详	
	安乐寿院藏本	平安时代	重点文物
	东京艺术大学藏本	镰仓时代	
	三立服部美术馆藏本	镰仓时代	重点文物
	京都松尾寺藏本	镰仓时代	重点文物
	个人藏甲本	镰仓时代	
	个人藏乙本	镰仓时代	
	常盘山文库藏本		
	旧东寺观智院藏本		
	和泉松尾寺藏孔雀经曼荼罗图	镰仓时代	重点文物
第二类样式	法隆寺藏本		
第三类样式（醍醐寺图像系统）	醍醐寺藏白描孔雀明王画像	镰仓时代	重点文物
	文化厅藏本	平安时代	

在第一类样式中，明王和孔雀均面向正前方，孔雀的翅膀朝下，明王的头部
和身体都发出光晕轮，背景则装饰以孔雀羽毛。在明王四臂的位置安排上注重左

1　柳澤孝 . 異色ある孔雀明王画像 [J]. 美術研究，1982，12：185-199.

右对称性：持吉祥果的左边第一只手位于胸部的中心；拿着开敷莲花的右边第一只手靠近腹部的侧边；左右的第二只手都向外伸出，高度大概与肩平齐。白缯从宝石王冠上垂下来，衣裳下摆呈鱼鳍形。明王的右脚放在上面结跏趺坐，左脚的背面未被画出来。明王所坐的莲花座是根据仪轨绘制的，多为青绿色。孔雀多作直立状，其顶部为椭圆形，有着筒状的头和圆形的身体，表现出极强的正面礼拜像特征。

属于第二类样式的只有法隆寺藏本，该藏本由于其与众不同的像容很早开始就备受关注。有些观点认为该系统造像是基于中国的原本，并将这一造像的历史追溯至五代，也有将其本尊自身看作高丽佛画的，众说纷纭，至今其绘制年代尚未有定论。

第三类样式的共同之处在于：孔雀尾羽装饰的背景外围均绘制着一个大圆形，孔雀扭着身体、翅膀朝上打开，立于莲台之上。在四臂的位置上，左边第一只手（持吉祥果）和右边第二只手（持俱缘果）与第一样式一致；右边第一只手（持开敷莲花）在胸前，仿佛要将花茎摘下来一样，左边第二只手（持孔雀尾）上举到膝盖上方，这些要素在第三类样式中基本一致。另外，在这个系统样式中，明王所坐的莲花座都刻画得细致入微。

二、《孔雀明王像》的材料技法

在摹写之前，如果条件允许可对摹写对象进行科学调查，以此了解作品的材料与技法。另外，摹写对象如果曾被修复过，通过查阅修复报告，也可以获取作品修复前所进行的科学调查结果，或者修复过程所发现的材料与技法信息。尽管这是一种理想的摹写的前期准备，但科学调查数据仅仅是一个参照，摹写的优劣仍取决于画家个人的艺术表现能力。

本次孔雀明王像的摹写过程参照了以往的修复报告。报告显示，孔雀尊像的肉身部分，采用了从绢布背面着色的"粉衬法"，其他部位的色彩也从绢布背面进行了衬色。明王所戴的宝冠先从绢布背面粘贴金箔，再从正面勾勒描绘细节。

为强调明王的尊像特征，在其衣裳的金线装饰运用了高超的"截金"技法，而孔雀羽毛部位则使用了泥金描绘的技法。"粉衬法"是织物支撑体绘画与壁画、纸本绘画在着色技法上最显著的区别。元代饶自然《绘宗十二忌》提及"重者山用石青绿并缀树石，为人物用粉衬"[1]，这里的"粉"当指胡粉，"衬"为衬托之意。实际上，从绢布背后衬粉的技法不仅适用于绘制人物，花鸟走兽的描绘也同样适用。从绢布背面衬粉或者衬色，色彩含蓄典雅，为从正面勾线提供方便。此外，古代对于绢布加工处理的方法，也说明支撑体构造与彩色技法之间的有机关联。《画史》记载："古画至唐初皆生绢，至吴生、周、韩幹，后来皆以热汤半熟，入粉捶如银板，故作人物，精彩入笔。"[2] 绢丝经捶打后呈扁平状，单位面积上密度增加，降低了绢布表面的凹凸程度而利于行笔，所勾勒的线条更加流畅，设色更加平整华丽，从而达到"精彩入笔"的效果。除了"粉衬法"，从绢布背面粘贴金箔的表现技法也常见于镰仓时期的绢画中。这一方法可以避免从绢布正面贴箔而掩盖墨线的问题，便于从正面进行更为细腻的勾线描绘。镰仓时代，截金技法的细腻程度已达到了巅峰，但大多流于形式，失去了自由之味，纹样形式也只是在细密上下功夫，过于注重技巧而艺术价值不高。

在众多的孔雀明王画像藏本中，与艺大本最为相近的图像是平安时代的安乐寿院藏《孔雀明王像》（以下简称"安乐寿院本"）。从二者的对比中，可以看到不同时代的作品在设色上的差异。安乐寿院本呈现了暖色系色调，尊像皮肤偏黄；而艺大本使用了群青等冷色系颜色，肤色略带朱砂晕染的粉色。此外，安乐寿院本在本尊和孔雀部分都使用了截金线，这与艺大本形成了鲜明的对比。现对照造像仪轨将二者的文本、图像、彩色特征归纳如下（见表 4.2-2）。

1　饶自然，黄公望. 绘宗十二忌·写山水诀 [M]. 邓以蛰，马采，标点注译. 北京：人民美术出版社，2016: 4.
2　米芾，刘世军，黄三艳校注. 画史校注 [M]. 桂林：广西师范大学出版社，2020：142.

表 4.2-2　安乐寿院本与艺大本《孔雀明王像》的图像与色彩对照表[1]

部位	仪轨记载	安乐寿院本	艺大本
明王	头向东方，白色肉身	一面四臂的菩萨像，黄色肉身	一面四臂的菩萨像，有晕染的粉红肉身
衣裳	著白缯轻衣	暖色系色调	浅蓝、石青等冷色
四臂	右边第一手执开敷莲花，第二手持俱缘果，左边第一手当心掌持吉祥果，第二手执三五茎孔雀尾	右边第一手执开敷莲花，第二手持缘果，左边第一手持吉祥果，第二手执孔雀尾	右边第一只手持开敷莲花，第二只手持俱缘果；左边第一只手持吉祥果，第二只手执孔雀尾
莲花	白莲花	青莲花	青莲花
孔雀	金色身孔雀	正面朝向，羽毛的颜色依次是白色、桃色、绿色、蓝色，孔雀尾为金色，张开于尊像之后	正面朝向，羽毛的颜色依次是白色、桃色、绿色、蓝色，孔雀尾为金色，张开于尊像之后

三、《孔雀明王像》的摹写过程

（一）线稿绘制

绢本现状摹写，首先需要将原作中的信息采集到白色的美浓纸上，然后将之放置在绢布底下进行摹写。所谓信息采集，是使用薄美浓纸覆于原作的高清图像之上，完整记录原作的现存状态与信息，除了形象外轮廓线的勾勒之外，颜料层剥落的位置与形状、绢布劣化，甚至污损的痕迹等现状，都要忠实地记录下来。在描绘线条时，如果原作的线条因画面劣化呈现中断现象，在确保线条气韵生动的前提下，也需要客观地记录其断开的现状（图 4.2-1）。

1　郑慧善.「孔雀明王像」東京芸術大学大学美術館蔵の現状模写及び装潢 [R]. 公益財団法人芳泉文化財団第三回文化財保存学日本画研究発表，2016：49.

图 4.2-1　《孔雀明王像》线稿，何韵旺

（二）校对色彩

由于现状摹写的周期较长，出于对原作保护的目的，重要绘画遗产的现状摹写一般不具备长期面对原作进行摹写的条件。因此，通过对原作近距离的目视调查、制作色卡，记录原作各个部位的色彩特征（图 4.2-2）。在摹写过程中，参照图像资料并对照色卡记录下来的彩色信息，进行摹写的着色作业，这样可以减少无法随时对照原作导致的色彩偏差。目前，这种方法在野外实地考察或者石窟摹写中，能有效记录原作的色彩现状。

（三）植物染绢

为了表现原作绢布褪色的特征，会使用天然染料染绢。染绢作业对染色液以及媒染剂的温度、染色时间均有严格要求。在染色前需要进行实验，确定达到理想染色效果所需的染料浓度与浸染时间之后，再进行大幅绢布的染色作业。本次使用了矢车（一种类似桤木果的果实）作为原料进行媒染（图 4.2-3）。

（四）绢布加工

打绢是古代加工织物支撑体的一种常用方法，由于唐代以前的绢布质地粗糙，捶打可使绢布表面平滑利于描线，通常使用木槌在平滑的石板上对其进行反复捶打（图 4.2-4）。经过捶打的绢丝截面呈扁平状，质地更加柔软，勾线行笔流畅，设色固着性更佳，且无须太浓的胶矾液即可将绢布矾熟，这样更有利于作品保存。

（五）绷绢上框

在绷绢的木框上涂抹三遍淀粉糨糊，每遍须待前一次彻底干透之后再重复上一次作业，最后粘贴绢布用手绷紧（图 4.2-5）。淀粉糨糊作为黏着材料具有可逆性，如果在摹写过程中绢布出现收缩或者松弛的情况，可以将绢布喷湿之后调节其松紧程度，以利于摹写的顺利进行。

（六）生绢矾熟

用三千本胶（10 克）∶温水（1 升）∶明矾（5 克）的比例配制胶矾液，将绷

图 4.2-2 校对颜色

图 4.2-3 植物染绢

图 4.2-4 生绢捶打

图 4.2-5 绷绢上框

上画框的绢布矾熟，正反面各刷一遍胶矾液，待其充分干燥即可（图 4.2-6）。矾熟过程应避免胶矾液淤积或行笔太快而无法全面刷匀，前者会导致绢布局部硬化失去弹性，后者则造成"漏矾"现象，不利于着色。

（七）墨稿转写

将完成的墨稿放置在绷好绢布的画框底下，透过绢布将墨稿上的主体物转写到绢面上。在接下来的摹写过程中，对照墨稿所提供的有效信息，在绢面上将之忠实表现出来（图 4.2-7）。

（八）原作临写

待摹写着色进行到一定程度，需要对照原作进行深入刻画，谓之"临写"（图 4.2-8）。这一阶段非常关键，面对原作临写，可以更加深入地观察其设色顺序与技法，原作历经年月所呈现出来的古色与年代感，从变色的颜料层到表面的粉尘层，都力求客观忠实地表现出来（图 4.2-9）。

图 4.2-6 生绢矾熟

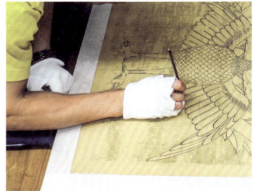

图 4.2-7 墨稿转写

图 4.2-8 原作临写

图 4.2-9　《孔雀明王像》现状摹写，何韵旺

四、《孔雀明王像》的摹写总结

通过艺大本孔雀明王的现状摹写实践，并参照该作品的科学调查与修复记录，了解到该作品的材料与技法有以下几点特征：明王的肉身部分采用了粉衬法，相比较其他物体更具厚重感，当时的画家有意识地强调了作为独尊的孔雀明王的存在感；进一步观察衣着和光背的色彩特征可知，当时的画家为了展现出尊像的脸部，采用了与《佛说大孔雀明王画像坛场仪轨》规定不同的设色秩序，在本尊与孔雀的色彩表现上，也使用了不同的方法。现将本次摹写研究所获得的技法特征进行归纳总结（见表 4.2-3 ）。

绘画作品中，作为绘画物质的支撑体以及彩色材料出现剥落、褪色、变色等现象，是时间作用的结果。这些包含着历史物质性的现状效果，即便在作品修复时也不能轻率地去除。在保存修复领域，现状摹写不仅要还原原作样貌，还要表现出作品历经年月的时间痕迹。优秀的现状摹写，是摹者的感性认知、艺术审美、表现能力等全方位素养的综合呈现。如果说人们领略到了包含对时间描写的摹写之美，那是由于摹者所传递的信息使观者感悟到了作品被时间赋予的生命。至少在目前，这些具有灵性的历史物质是科技无法企及的。

表 4.2-3 《孔雀明王像》彩色技法的摹写研究结果[1]

部位	色彩表现方法	备注
光背	头光圆环（外侧）蓝色—红色—白色—白绿 身光圆环（外侧）白绿—白色—红色—蓝色	头光与身光的设色顺序相反
脸部	为了让观者的视线集中在本尊的脸部，运用了互补色效果，即在脸部周围的头光内环施以白绿色，以衬托粉红色脸部。	
身体	尊像从绢布背面施以铅白衬色，在绢布正面施以朱砂晕染。	
衣裳颜色与纹样	衣裳的颜色大部分施以不同粗细的石青蓝冷色系，并用截金、泥金、白线等图案装饰。为了强调衣裳的轮廓线使用了截金；主要图案使用泥金线描绘，并用白线再对图案周围进行补充。 条帛外侧：使用铅白从绢布背面衬色，正面在蓝白色底子上用石青晕染，再用白线描绘唐草纹。 条帛内侧：在蓝白色的底色上装饰白色涡卷纹。 腰布外侧：从绢布背面用铅白衬色，正面以铅丹薄涂晕染，再饰以泥金线团花纹。 腰布内侧：在浅绿底色上装饰白色线波纹。 上装：在浅白色的底色上装饰白线唐草纹，主图案用泥金技法描绘五朵交叉团花纹；边缘则使用了颜色饱和度低于条帛的浅蓝色，并以白线勾勒梅花的形状，形成了二重龟甲纹。 下装：外侧在白绿底色上装饰雷纹，轮廓线用石绿晕染，内侧有白色（铅白）的涡卷纹。	
宝冠	从绢布背面贴金箔，但大部分都已经脱落，再从正面勾线描绘。	
莲座	原来的石绿色大部分都已剥落，露出绢布的茶褐色，原本在绿色的花瓣上使用了截金来表现叶脉。画莲花芯是在红紫色底子上排列三段白点，之后用铅丹细线勾勒。	
孔雀	孔雀张开翅膀面向正前方，羽毛颜色的顺序按白—绿—蓝三列并排，孔雀尾羽用泥金描绘，在本尊的身后展开。	

1 郑慧善.「孔雀明王像」東京芸術大学大学美術館蔵の現状模写及び装潢 [R]. 公益財団法人芳泉文化財団第三回文化財保存学日本画研究発表，2016：51.

第三节　克孜尔第 14 窟佛龛复原

　　克孜尔石窟佛龛中的佛像几乎无存，这在视觉上削弱了佛龛空间的神圣性。并且多数佛龛内部未绘制壁画，而是采用锡箔装饰，但由于锡箔氧化、剥落严重，使得佛龛的研究长期被忽视。主室正壁佛龛作为供奉佛像的特殊场域，处于石窟中央最显要的位置，并与入口相对而坐，是礼拜者从现实世界进入石窟"圣域"时最先关注的对象。在"唯礼释迦"的克孜尔地区，佛龛当初的视觉效果对于壁画材料技法及美术史研究具有重要的参考价值。根据宫治昭先生的研究可知，克孜尔中心柱窟以及部分方形窟佛龛的表现形式，受到犍陀罗帝释窟说法第二类型浮雕的影响。佛经记载，犍陀罗浮雕在佛龛外沿、内侧以及佛陀的双肩处雕刻火焰纹样，以此表现佛陀在帝释窟中禅定时进入"火光三昧"，身体发出光与火的情景。但在相同主题并受其影响的克孜尔佛龛中，光与火的造型化表现却较为罕见。针对这一问题，本书在先行研究的基础上，着眼于克孜尔第 14 窟主室正壁佛龛（以下简称第 14 窟佛龛，图 4.3-1）构造与内部的金属装饰材料，通过对佛龛实体的想象复原，模拟佛龛在石窟中的受光角度与状态，试图阐释第 14 窟佛龛如何演绎帝释窟说法这一主题。

一、佛龛与石窟构造的关联

　　第 14 窟位于克孜尔千佛洞谷西区第 9 窟与第 10 窟的上方，窟口向南偏东 17 度，为主室一室构成（图 4.3-2），有无前室尚不明确。北壁中部开拱券顶龛，龛内塑像已无存，龛内正壁残存佛光背，龛顶与其后部连接处向上凹进一个半球形顶窝，并与佛头光相连。龛外上方绘 6 列图案化的山池与小坐佛，西侧绘梵天

图 4.3-1　克孜尔第 14 窟主室正壁佛龛

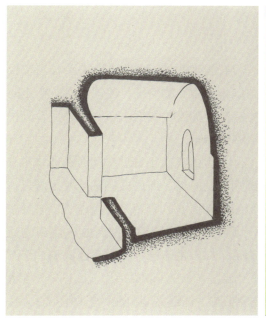

图 4.3-2　克孜尔第 14 窟主室透视图，何韵旺绘制　　**图 4.3-3**　克孜尔第 14 窟佛龛与正壁的尺寸

和五髻乾达婆，东侧绘帝释天及眷属。主室券顶中脊绘天象图，两侧券腹绘菱格本生故事，东西两壁分别绘因缘佛传。南壁中部为门道，上方半圆形区绘弥勒兜率天宫说法，门道西侧中上部残存立佛和一身天人，东侧壁残损。其壁画整体布局与构成同中心柱窟主室相似。

　　作为一项土木建筑工程，石窟开凿需要严谨的设计方案，其规模、尺度、内部的空间布局直至壁画编排设计，均会根据相应的比例关系来组织进行。一个设计方案可能在较长的时期内被应用于同一形制的石窟，因此，石窟形制及其内部空间的比例对石窟的年代研究具有参考价值。克孜尔第 14 窟规模较小，但它完整地保留了主室正壁与佛龛的关系，这为复原研究提供了可行性。据计算分析，第 14 窟佛龛与主室的比例关系如图 4.3-3 所示。

　　　　主室 255cm（高）∶ 220cm（宽）＝ 1 ∶ 0.862
　　　　佛龛 106cm（高）∶ 89.5cm（宽）＝ 1 ∶ 0.844

从以上计算公式所得的数值，可知第 14 窟佛龛高与宽的比例关系与主室相同，佛龛犹如一个缩小版的石窟。这种"窟中之窟"的特征，象征着佛陀禅定时所在的因托沙罗窟（Indasāla-guhā）；主室券顶描绘的菱格山峦，则象征着因托沙罗窟（Indasāla-guhā）所在的毗陀山（Vediyaka）。

进一步分析发现，如果在主室的高度即正壁的高度上计算出黄金分割点 E，并以此为圆心，以 E 点到佛龛顶部的距离为半径画圆，所形成的圆恰好是佛龛内部正壁的佛陀头光；以头光圆心点 E 到台座底部点 F 的距离为直径作圆，该圆正好是佛龛内正壁的佛陀身光重叠；以身光圆的圆心 H 到洞窟顶点 B 的距离为直径作圆，该圆与正壁上部券顶的弧形相吻合。如果把该圆下移至洞窟底部，该圆的圆心正好落在佛龛底部的 G 点上，并且该圆与头光圆形相切。上下两个等大的圆重叠所形成的椭圆的中心，恰好是主室高度（正壁高度）的中点 J（图 4.3-4）。主室弧形券顶与两侧壁连接处的叠涩界面所在的高度，恰好位于台座到主室顶部的二分之一处，即 FI=IB（图 4.3-5）。如上所述，点 E 为头光的圆心，也是正壁高度 AB 线上的黄金分割点，如果佛龛内放置佛像的话，推测该点相当于佛像白毫的位置（图 4.3-6）。不过，以上计算分析结果还有待今后更加严密的测量与考察验证。

此外，佛龛底部的菱格图案，以辅助线 AC、AC' 为参照线作平行线，重复 11 回并相互交叉，就可以形成佛龛下方的菱形图案。佛龛上方 6 列图案化的山池与小坐佛，其隐形的构造也是在交叉的菱格内重复绘制的（图 4.3-7）。第 14 窟属于方形窟，如果能同其他相同构造的石窟进行比较分析，佛龛位置与主室构造的形成规律将会更加清晰。

二、佛龛与佛像考察

佛龛内部正壁残存约三分之一面积的佛像身光。由于头光与身光呈对称图形，将之水平镜像反转，可以还原当初的图像。龛内侧壁、顶部以及头光、背光以外的区域，原来均以锡箔覆盖，现在锡箔已氧化成黑褐色物质且严重剥落（图 4.3-8）。从锡箔叠加处残存的痕迹，可以观察到锡箔当初规则的形状，从局部不规则的锡

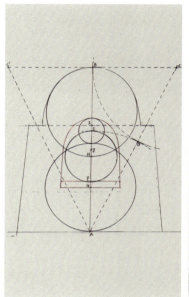

图 4.3-4　第 14 窟佛龛构造的计算
方法，何韵旺绘制

图 4.3-5　第 14 窟正壁与佛龛比例关系
（张小鹭摄，2005 年）

图 4.3-6　第 14 窟佛龛与佛像的关系

图 4.3-7　第 14 窟正壁的纹样构造

图 4.3-8 克孜尔第 14 窟佛龛内侧壁展开图

箔，可推测佛龛曾有过锡箔补贴或重贴（图 4.3-9）。佛龛的台座本体保存较为完好，但其表面无泥塑或色彩残留。参考仅存的库木吐喇第 20 窟甬道左侧佛龛的台座，不排除克孜尔第 14 窟佛龛台座表面曾有装饰塑绘的可能性，遗憾的是克孜尔石窟主室正壁佛龛的台座没有留下可供参考的线索。从出土于克孜尔第 67窟、现藏于柏林国立印度美术馆的木刻佛像来看，台座正面装饰菱格为普遍现象。因此，在复原克孜尔第 14 窟佛龛台座时，也参考了这一样式。

克孜尔石窟佛龛内的佛像几乎全部无存。根据先行研究可知，犍陀罗帝释窟禅定中的佛陀不作说法印，而是作禅定印，结跏趺坐，这一造像姿势影响了克孜尔相同主题的造像，从克孜尔第 67 窟出土的木刻佛像（图 4.3-10）、板绘可印证这一观点。佛像的表现存在彩色佛像与金箔佛像两种类型：彩色佛像发髻以青金石蓝着色，袈裟表面涂以铅丹，里侧涂以铜绿，肉身以桃色（白色加铅丹）表现；金箔佛像通常是在白色底子上粘贴金箔。虽然无法断定克孜尔第 14 窟佛龛内原置佛像属于哪一类型，但从板绘以及壁画中相同主题的佛像多数为彩色来看，佛龛中安置彩色佛像的可能性更大。

三、佛龛主题与造型化表现

根据先行研究可知，包括第 14 窟（方形窟）在内，克孜尔中心柱窟主室正壁佛龛的主题为帝释窟说法，其表现内容主要根据小乘佛教经典《长阿含经》卷10《释提桓因问经》、《中阿含经》卷 32《释问经》、《佛说帝释所问经》以及《杂

图 4.3-9 克孜尔第 14 窟佛龛内锡箔现状

图 4.3-10 克孜尔第 67 窟出土的木雕佛像

藏经》卷6《帝释问事缘》绘制，[1]其故事情节基本相似。描述的是帝释天获悉佛陀在摩揭陀国（Magadha）王舍城安婆罗村北（Ambagāma）毗陀山（Vediyaka）因托沙罗窟（Indasāla-guhā）入定后，帝释天与般遮翼及其他诸天一同前往。帝释天以四十二问佛，佛陀为帝释天一一解答。根据佛经内容可知，正壁佛龛外两侧的壁画并非孤立存在，而是与龛内的佛像共同构成一个完整主题。现将佛经中关于帝释天与般遮翼到访因托沙罗窟时，所见到的佛陀状态的描述摘抄如下。

《长阿含经》卷10《释提桓因问经》载：

　　时，帝提桓因、忉利诸天及般遮翼，于法堂上忽然不现，譬如力士屈伸臂顷，至摩竭国北毗陀山中。尔时世尊入火焰三昧，彼毗陀山同一火色，时国人见，自相谓言："此毗陀山同一火色，将是如来诸天之力。"[2]

《中阿含经》卷33《释问经》载：

　　于是。天王释及三十三天、五结乐子犹如力士屈伸臂顷。于三十三天忽没不现已。住摩竭陀国王舍城东。奈林村北。鞞陀提山。去石室不远，尔时。鞞陀提山光耀极照。明如火。彼山左右居民见之。便作是念。鞞陀提山火烧普然时。天王释住一处已。[3]

《佛说帝释所问经》载：

　　譬如力士屈伸臂顷。即到摩伽陀国毗提呬山侧。是时彼山忽有大光普遍照耀。其山四面。所有人民见彼光已。互相谓言。此山何故有大火燃。映蔽本相犹如宝山。尔时帝释天主告五髻乾达婆王子言。汝见此山有如是殊妙色不。[4]

1　姚士宏 . 克孜尔部分洞窟主室正壁塑绘主题 [G]// 新疆维吾尔自治区文物管理委员会 . 中国石窟：克孜尔石窟一 . 北京：文物出版社，1996：179.

2　大正藏：第 1 册 [M]. 東京：大正一切経刊行会，1924：62.

3　大正藏：第 1 册 [M]. 東京：大正一切経刊行会，1924：633.

4　大正藏：第 1 册 [M]. 東京：大正一切経刊行会，1924：246.

《杂藏经》卷 6《帝释问事缘》载：

> 尔时诸天。闻帝释共犍达婆王子等。欲往佛所。各自庄严。随从帝释。于天上没。即至毗提醯山。<u>尔时山中。光明照曜。近彼仙人。皆谓火光。</u>[1]

据标注下划线的佛经内容可知，这一主题在情节上强调佛陀禅定时进入"火光三昧"，身体发出光与火，毗陀山与其同色。另外，根据宫治昭先生的研究可知，克孜尔帝释窟说法的佛龛表现深受犍陀罗第二类型浮雕的影响。而犍陀罗帝释窟说法浮雕（图 4.3-11）在佛龛的缘部、佛龛内侧壁甚至直接在佛像的双肩处雕刻火焰纹样，以暗示佛陀在帝释窟进入禅定时产生的火与光。犍陀罗浮雕在这一主题中，火与光的造型化表现与对应的佛经内容相吻合。[2]

四、史料中的帝释窟描写

作为"帝释窟说法"故事舞台背景的帝释窟实际上是存在的。5 世纪初法显的《法显传》以及 7 世纪中期玄奘的《大唐西域记》，分别记载了两人造访帝释窟的经历并对其有过描写，现将相关内容摘录如下。

《法显传》载：

> 从此东南行九由延至<u>一心孤石山，山头有石室，石室南向佛坐其中。</u>天帝释将天乐般遮弹琴乐佛处。帝释以四十二事问佛——以指书石，书迹故在。此中亦有僧伽蓝。[3]

《大唐西域记》卷 9 载：

> 舍利子门人窣堵波东行三十余里，至因陀罗势罗窭诃山，唐言帝释窟

---

1 大正藏：第 4 册 [M]. 東京：大正一切経刊行会，1924：476.

2 宫治昭. 涅槃と弥勒の図像学—インドから中央アジアへ [M]. 東京：吉川弘文館，1992：441.

3 法显 . 法显传校注 [M]. 章巽，校注 . 北京：中华书局，2008：94.

图 4.3-11 犍陀罗帝释窟说法浮雕

也。其山岩谷杳冥、花林蓊郁、岭有两峰，岌然特起。西峰南岩间有大石室，广而不高，昔如来尝于中止，时天帝释以四十二疑事画石请问，佛为演释，其迹犹在。今作此像，拟昔圣仪，入中礼敬者，莫不肃然敬惧。山岭上有过去四佛座及经行遗迹之所。东峰上有伽蓝，闻诸土俗曰："其中僧众，或于夜分，望见西峰石室佛像前每有灯炬，常为照烛。"[1]

　　因陀罗势罗窭诃山（Indasāla-guhā）意为帝释窟。该窟位于今天印度比哈尔邦的拉吉杰尔（Rājgir）小城，古称王舍城，考古学家将之比定为现在城东大约 10 千米处的吉里也克山（giriyek）。A. Cunningham 认为，法显所记载的"一心弧石山"就是"giri-eka"（孤山）。[2] 吉里也克山（giriyek）西南二里处，至今还保存着天然石窟。根据玄奘的记载，帝释窟中安置着佛像以模仿佛陀的圣仪，说明彼时的帝释窟说法不单是个佛教经典故事，前来帝释窟礼拜、修行的信众不在少数。根据玄奘的记述，西峰石室前"每有灯炬，常为照烛"，这一景象被认为与该主题对应的佛经中，描述佛陀进入"火光三昧"时被光与火包围的情节相一致。[3] 此外，《中阿含经》中记载："于是，天王释稽首佛足，却坐一面，三十三天及五结乐子亦稽首佛足，却坐一面。尔时因陀罗石室忽然广大。"[4] 意为获得佛陀允许的帝释天率领众神坐于窟内时，狭小的石窟突然变得宽广，这与《大唐西域记》记载的"广而不高"的特征是否存在关联值得商榷。从法显与玄奘各自的描述可以看出，帝释窟在当时是佛迹巡礼的场所，也从侧面说明了帝释窟说法作为佛教的表现题材流行至 7 世纪末，与克孜尔石窟佛龛中帝释窟说法主题流行的历史时间大体一致。此外，犍陀罗第二类型的帝释窟说法浮雕以及克孜尔主室正壁佛龛都呈现弧形的特征，这与法显记载的"一心弧石山"相吻合。排

1　玄奘，辩机.大唐西域记校注：下 [M].季羡林校注.北京：中华书局，2000：69.
2　A. Cunningham. The Ancient Geography of India, vol. Ⅰ [M]. London: Trubner and CO., 60 Paternoster Row, 1871: 539.
3　土谷遥子.アフガニスタン·カピサ地方ハム·ザルガール仏教寺院址出土の帝釈窟説法図 [J]. 上智大学外国語学部紀要，1985，3：46.
4　大正蔵：第 1 冊 [M]. 東京：大正一切経刊行会，1924：634.

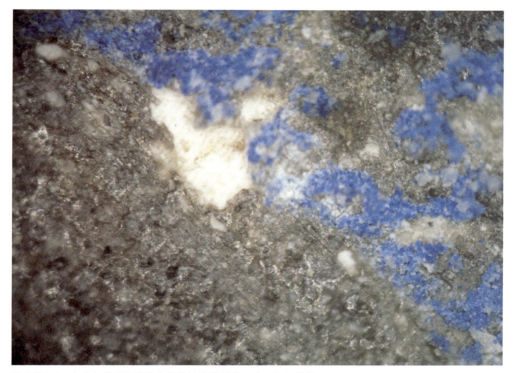

图 4.3-12 克孜尔第 224 窟佛龛锡箔显微镜摄影，谷口阳子提供

除石窟承重与构造特征等工程上的问题，这种巧合很难说只是一种偶然。

五、佛龛的装饰材料与表现主题

克孜尔石窟佛龛依照其内部的装饰特征，可分为三类。

Ⅰ类：直接将锡箔粘贴在佛龛内侧壁以及内正壁光背以外的部位，这类装饰方式占多数。

Ⅱ类：在锡箔表面使用青金石的蓝色绘制椭圆形图案，呈现出珍珠与宝石的视觉效果，该表现方法仅见于克孜尔第 224 窟（图 4.3-12）与森木赛姆第 26 窟。

Ⅲ类：在佛龛内绘制壁画或几何图案以达到装饰的效果。

根据实地调查可知，使用锡箔装饰的佛龛具备以下两个共同特征：其一，相同的表现主题。据笔者统计，采用锡箔的 15 个佛龛中除一个主题未明外，其余

图 4.3-13 克孜尔第 14 窟佛龛内未氧化的锡箔

均为帝释窟说法主题，其二，佛龛位于主室正壁中央且与石窟入口相对。仅森木赛姆第 26 窟在中心柱四面开龛，在其对面的墙壁上开凿窗口使其受光。从第 14 窟佛龛天井处残留的银白色锡箔推测，其表面未重叠其他颜料，属于 I 类表现特征（图 4.3-13）。

这些佛龛在开凿当初具有怎样的视觉特征，使用锡箔装饰佛龛的理由以及目的为何？为了考证使用锡箔装饰的佛龛在石窟内的视觉效果，笔者通过复制与第 14 窟佛龛同等尺寸的实体模型，复原佛龛内部的锡箔、色彩及佛像，模拟佛龛在石窟中的受光角度与状态，通过以下两个实验进行论证。安置于佛龛内部佛像的造型与彩色的复原，参照了出土于克孜尔第 67 窟、现藏于德国柏林印度美术馆的木雕佛像，有关佛像复原制作的具体过程在此省略。

实验 I：佛龛使用锡箔有无的效果对比

如图 4.3-14 所示，在相同受光（非正面受光）的状态下，未使用锡箔装饰的佛龛内部光线分散均匀，佛龛内部空间略显灰暗、狭窄；而使用锡箔装饰的佛龛，龛内正壁会产生柔和的反射光，使佛龛内部空间比实际的空间显得更加宽敞、深远。此外，受侧壁锡箔反射光的影响，佛像的色彩也显得更加明亮。

实验Ⅱ：佛龛受光角度不同的效果对比

如图 4.3-15 所示，当使用锡箔装饰的佛龛正面受光时，佛龛内部正壁的锡箔产生光反射，反射光线在佛像头光与身光周围形成光晕。反射光进一步投射在侧壁的锡箔表面，使得佛像周围产生由内及外渐变的柔和光晕，像是佛像自身散发的光芒一般。非正面未受光的佛龛虽然在佛像周围出现了微弱的光晕，

图 4.3-14　未使用锡箔装饰佛龛（左）与使用锡箔装饰佛龛（右）效果对比

图 4.3-15　非正面受光锡箔佛龛（左）与正面受光锡箔佛龛（右）效果对比

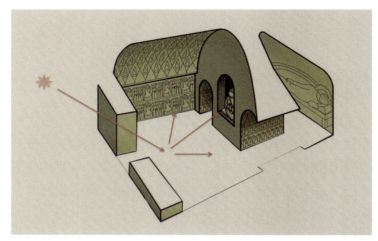

图 4.3-16　石窟采光与佛龛的关系

但与正面受光的佛龛相比光线的强度明显减弱，佛像周围无法形成强烈的光辉照耀的视觉效果。

通过以上两组实验可知，佛龛内部使用锡箔装饰不仅可以提高佛像的可视度，而且进入石窟的光线经过地面反射进入佛龛内部，受锡箔的反射作用在佛像周围还会产生光辉照耀的效果。石窟构造、佛龛位置、锡箔材料等元素共同构成一套经过精确计算的观赏模式（图 4.3-16），由此不难理解为何同一个石窟中仅在主室正壁的佛龛采用锡箔装饰。此外，根据《克孜尔石窟内容总录》及现场调查可知，第 14 窟地坪上的石膏涂层大部分尚存，推测该窟内当初的采光效果比现在更明亮。因此，石窟地坪的材质也是佛龛采光的要素之一，与佛龛的观赏效果紧密相关。此外，根据最早的佛教经典记载，从佛陀白毫发出的光为"雪与银的光辉"[1]，使用银白色锡箔装饰佛龛同白毫的光辉表现之间有无关联亦值得关注。

将复原完成的佛龛实体放置在同第 14 窟相似的采光角度与环境中，记录其视觉效果并形成图像资料，再将之与 14 窟场景图像进行电脑合成，将复原完成的佛龛图像镶嵌在 14 窟佛龛的位置，这样便可以更加直观地感受佛龛制作当初的视觉效果（图 4.3-17）。从目前合成图像的效果来看，佛像的橘红色（铅丹）

1　A. Foucher. L'art Gréco-bouddhique du Gandhâra: Étude Sur les Origines de L'influence Classique dans L'art Bouddhique de L'inde et de L'extrême-orient, II [M]. Paris: E. Leroux, 1918: 288.

图 4.3-17　第 14 窟佛龛想象复原（电脑合成）

与周围壁画现状的色彩协调性欠佳。由相关科学分析可知，佛龛两侧人物的黑褐色部分为铅丹的氧化物，并且佛龛弧形边缘、龛外两侧人物身上的装饰品，以及龛上部的小坐佛均使用了金箔装饰（肉眼可见金箔残留）。壁画现状历经千年氧化变色，如果能还原当初的色彩效果，与佛龛复原完成的色彩之间应该是协调的。

锡箔表面使用青金石描绘椭圆纹样的克孜尔 224 窟佛龛，属于 II 类的表现。根据先行研究可知，梵语中"毗陀山"意为被山下郁郁葱葱的森林覆盖，宛如"Man-vedika Mani"一般，而汉译佛典中"Man-vedika Mani"被译为"珠""意珠""宝珠""如意宝珠""珠宝"。[1] 通过对其纹样进行想象复原可推测，在佛龛内锡箔表面涂绘青金石的椭圆纹样或许是为了表现宝珠、珠宝，可理解为暗示被森林覆盖的毗陀山。而以壁画装饰的佛龛，制作年代整体较晚，推测因画工团队有别而采取了不同的表现方式。除此之外，锡箔被大量用于龟兹石窟佛龛装饰，与材料的获取途径也有一定关系。据《大唐西域记》载："屈支国（龟兹）……土产黄金、铜、铁、铝、锡。"[2] 可见，古代龟兹地区富产金、锡、铝等金属，壁画创作就地取材，当时克孜尔地区奉行的广律为《十诵律》以及《根本说一切有部毗奈耶》。在最早被汉译的《十诵律·掘土戒》中，关于金属矿开采的免责条例值得关注："若生金、银、砗磲、玛瑙、朱砂矿处，若掘是处，不犯。若生铁矿处、铜、白蜡、铅、锡矿处，若生雄黄、赭土、白墡处，若生石处，生黑石处，砂处，盐地，掘者不犯（七十三竟）。"[3] 由此可知，龟兹僧侣对于金属矿的开采是得到豁免而不犯戒的，这些历史资料中包含了克孜尔壁画材料加工的相关信息，值得关注。

本节通过克孜尔第 14 窟的想象复原，直观地展现了佛龛空间与佛像的内在统一关系。对于龛内侧壁使用锡箔装饰的目的与理由，从佛龛主题内容所追求的

1 李崇峰. 克孜尔中心柱窟主室正壁壁画主题相关问题 [G]// 巫鸿. 汉唐之间的宗教艺术与考古. 北京：文物出版社，2000：218.
2 玄奘. 大唐西域记 [M]. 周国林，注译. 长沙：岳麓书社，1999：14.
3 大正藏：第 23 册 [M]. 東京：大正一切经刊行会，1924：117.

视觉效果出发进行了实际验证，为龟兹石窟规模更为宏大的佛龛研究提供了有效参照。但由于本书是基于有限的研究资料的想象复原，尚不足以对克孜尔所有佛龛使用锡箔装饰的原因与理由作出定论，期待将来有更加严密的科学调查数据予以佐证。基于壁画材料科学分析结果的复原研究，为美术史研究提供了崭新视角，以往对于壁画的研究以"实物"为对象，而非壁画"原物"，忽视了石窟壁画作为空间美术的"历史物质性"。壁画的材料分析与想象复原是架构在自然学科与人文学科之上的跨学科研究，借助科学分析对现状进行释读与转译，其目的是使美术史研究重返研究对象的原点。

参考文献

一、中文文献

李诚. 营造法式 [M]. 邹其昌, 点校. 北京: 人民出版社, 2006.

练春海. 汉代壁画的艺术考古研究 [M]. 北京: 科学出版社, 2022.

唐志契. 绘事微言 [M]. 王伯敏, 点校. 北京: 人民美术出版社, 2016.

米芾. 画史校注 [M]. 刘世军, 黄三艳, 校注. 桂林: 广西师范大学出版社, 2020.

梅维恒. 绘画与表演: 中国的看图讲故事和它的印度起源 [M]. 王邦维, 荣新江, 钱文忠, 译. 北京: 北京燕山出版社, 2000.

蔡质. 汉官典职仪式选用一卷 [M]// 孙星衍, 等. 汉官六种. 北京: 中华书局, 1990.

中国艺术研究院美术研究所. 2018 中国传统色彩学术年会论文集 [C]. 北京: 文化艺术出版社, 2018.

宋应星. 天工开物 [M]. 北京: 中华书局, 2021.

李时珍. 本草纲目（校点本第一册）[M]. 北京: 人民卫生出版社, 1975.

浙江省文物管理委员会, 浙江省博物馆. 河姆渡遗址第一期发掘报告 [J]. 考古学报, 1978.

李亚东. 秦俑彩绘颜料及秦代颜料史考 [J]. 考古与文物, 1983.

李最雄. 敦煌莫高窟唐代绘画颜料分析研究 [J]. 敦煌研究, 2002.

上海书店出版社. 芥子园画谱 [M]. 上海: 上海书店出版社, 1982.

玄奘, 辩机. 大唐西域记校注 [M]. 季羡林, 等校注. 北京: 中华书局, 2000.

中国艺术研究院美术研究所. 2019 中国传统色彩学术年会论文集 [C]. 北京: 文化艺术出版社, 2019.

中国艺术研究院美术研究所. 2023 中国传统色彩学术年会论文集 [C]. 北京: 文化艺术出版社 2023.

文物出版社. 新中国考古五十年 [M]. 北京: 文物出版社, 1999.

王进玉, 王进聪. 敦煌石窟铜绿颜料的应用与来源 [J]. 敦煌研究, 2002.

苏伯民, 李最雄, 马赞峰, 等. 克孜尔石窟壁画颜料研究 [J]. 敦煌研究, 2000.

穆云秾. 芥子园画传译注 [M]. 西安: 陕西人民美术出版社, 1999.

邹一桂. 小山画谱: 卷上 [M]. 花农氏藏本.

王冬松, 王红梅. 唐代敦煌艺术中的黄色颜料考 [J]. 美术大观, 2015.

李时珍 . 本草纲目（校点本第二册）[M]. 北京：人民卫生出版社，1975.

中国艺术研究院美术研究所 . 2020 中国传统色彩学术年会论文集 [C]. 北京：文化艺术出版社，2020.

浙江省文物管理委员会，浙江省博物馆 . 河姆渡遗址第一期发掘报告 [J]. 考古学报，1978.

李亚东 . 秦俑彩绘颜料及秦代颜料史考 [J]. 考古与文物，1983.

李最雄 . 敦煌莫高窟唐代绘画颜料分析研究 [J]. 敦煌研究，2002.

文物出版社 . 新中国考古五十年 [M]. 北京：文物出版社，1999.

王进玉，王进聪 . 敦煌石窟铜绿颜料的应用与来源 [J]. 敦煌研究，2002.

苏伯民，李最雄，马赞峰，等 . 克孜尔石窟壁画颜料研究 [J]. 敦煌研究，2000.

张华 . 博物志 [M]. 南京：凤凰出版社，2017.

周公旦 . 考工记（下）[M]// 周礼 . 《士礼居丛书》景明嘉靖刻本 .

郑玄注，贾公彦疏，李学勤主编 . 十三经注疏・周礼注疏 [M]. 北京：北京大学出版社，1999.

周智波，杨杰，高愚民 . 克孜尔石窟出土蓝色颜料研究 [J]. 文物保护与考古科学，2019.

季羡林 . 季羡林文集第十一卷：吐火罗文弥勒会见记译释 [M]. 南昌：江西教育出版社，1998.

康宝成 . "戏场"：从印度到中国兼说汉译佛经中的梵剧史料 [J]. 戏剧艺术，2002.

杨波 . 克孜尔石窟 "说法图" 题材分类及相关问题研究 [EB/OL].（2021-11-14）[2023-12-20]. http：//www.
    silkroads. org. cn/portal. php?mod=view&aid=53133.

吕建福 . 释迦牟尼的民族、种族及其国家 [J]. 佛教研究，2020.

蒋忠新 . 摩奴法论 [M]. 北京：中国社会科学出版社，1986.

姜景奎 . 印度神话之历史性解读：梵天篇 [J]. 南亚东南亚研究，2021.

巫白慧 . 梨俱吠陀神曲选 [M]. 北京：商务印书馆，2020.

郭良鋆 . 帝释天和因陀罗 [J]. 南亚研究，1991.

陈清香 . 云冈石窟多臂护法神探源——从第 8 窟摩醯首罗天与鸠摩罗天谈起 [C]//2005 年云冈国际学术
    研讨会论文集（研究卷）. 北京：文物出版社，2006.

格伦威德尔 . 新疆古佛寺 [M]. 赵崇民，巫新华，译 . 北京：中国人民大学出版社，2007.

郭良鋆 . 印度教三大主神的形成 [J]. 南亚研究，1993.

施勒博格（Eckard・Schleberger）. 印度诸神的世界——印度教图像学手册 [M]. 范晶晶，译 . 上海：中
    西书局，2016.

段南 . 再论印度绘画的 "凹凸法" [J]. 西域研究，2019.

王槩，等 . 芥子园画谱全集 [M]. 杭州：浙江人民美术出版社，2013.

迮朗 . 绘事琐言 [M]. 雨金堂 。

陶宗仪 . 南村辍耕录 [M]. 北京：中华书局，2004.

张彦远 . 历代名画记 [M]. 杭州：浙江人民美术出版社，2019.

井上优子，皿井舞，催强，等 . 敦煌莫高窟第 285 窟窟顶北披下缘山居禅定比丘像的色彩技法 [R]. 保护
    敦煌壁画中日合作研究报告，2016.

李诫 . 营造法式第二册 [M]. 商务印书馆，1954.

唐志契 . 绘事微言 [M]. 王伯敏点校 . 北京：人民美术出版社，2016.

井上优子，皿井舞，催强，等 . 敦煌莫高窟第 285 窟窟顶北披下缘山居禅定比丘像的色彩技法 [R]. 保护
敦煌壁画中日合作研究报告，2016.

米芾 . 画史 [M]. 台北：大象出版社，2019.

饶自然，黄公望 . 绘宗十二忌・写山水诀 [M]. 邓以蛰，马采，标点注译，北京：人民美术出版社，
2016.

郭若虚 . 图画见闻志 [M]. 北京：中国书店，2021.

方薰 . 山静居画论 [M]. 郑拙庐，标点注译 . 北京：人民美术出版社 .2016.

刘光裕 . 印刷术以前的复制技术（一）拓书与拓石的产生、发展 [J]. 出版发行研究，2000.

黄伯思 . 东观余论 [M]. 北京：人民美术出版社，2010.

徐涛，师小群 . 石椁线刻与粉本的形成方式——兼论唐陵墓壁画图像粉本的来源 [J]. 古代墓葬美术研究，
2013.

韩格平 . 元代古籍集成第二辑 [M]. 北京：北京师范大学出版社，2016.

郭若虚 . 图画见闻志 [M]. 北京：中国书店，2021.

李清泉 . 粉本——从宣化辽墓壁画看古代画工的工作模式 [J]. 南京艺术学院学报（美术与设计版），
2004.

任曜新，杨富学 .《孔雀明王经》文本的形成与密教化 [J]. 陕西师范大学学报（哲学社会科学版），
2012.

王惠民 . 论《孔雀明王经》及其在敦煌、大足的流传 [J]. 敦煌研究，1996.

米芾，刘世军，黄三艳校注 . 画史校注 [M]. 桂林：广西师范大学出版社，2020.

姚士宏 . 克孜尔部分洞窟主室正壁塑绘主题 [G]// 新疆维吾尔自治区文物管理委员会 . 中国石窟：克孜
尔石窟一 . 北京：文物出版社，1996.

法显 . 法显传校注 [M]. 章巽，校注 . 北京：中华书局，2008.

李崇峰 . 克孜尔中心柱窟主室正壁壁画主题相关问题 [G]// 巫鸿 . 汉唐之间的宗教艺术与考古 . 北京：
文物出版社，2000.

二、日文文献

定金計次 . サンスクリット絵画論とインド古代壁画—理論と実際 [D]. 京都市立芸術大学，1989.

東京大学文学部史料編纂所 . 大日本古文書・巻之二十五（補遺二）[M]. 東京：黎明堂，1940.

渡邊明義 . 古代絵画の技術 [J]. 日本の美術 10，1999.

谷口陽子 . 中央アジア・バーミヤーン仏教壁画の分析（1）シンクロトロン放射光を用いた SR-μFTIR，
SR-μXRF/ SR-μXRD 分析 [R]. 国立歴史民俗博物館研究報告（第 177 巻），2012.

染谷香理．日本画画材関連史料翻刻集（江戸前期篇）[D]．東京藝術大学大学院文化財保存学保存修復
　　日本画研究室，2018.

田先千春．トゥルフアン・敦煌仏教絵画の基底材について [J]．小林フェローシップ 2009 年度研究助
　　成論文，2009.

久米康生．和紙の源流—東洋手すき紙の多彩な伝 [M]．東京：岩波書店，2004.

郝玉墨．近代日本画の美人画における胡粉を活かした賦彩表現—鏑木清方筆 "妓女像" の想定復元模
　　写を通して [D]．東京芸術大学博士論文，2020.

沈宗騫．芥舟学画編 [M]．田結荘斎治，校訂．東京：東京図書館．

プリニウス．プリニウスの博物誌 [M]．中野定雄，中野里美，中野美代，等訳．東京：雄山閣，1986.

森田恒之．膠について [M]// 国宝修理装潢師連盟編．日本美術品の保存修復と装潢技術その弐．東京：
　　株式会社クバブロ，2002.

大正蔵：第 24 冊 [M]．東京：大正一切経刊行会，1924.

大正蔵：第 23 冊 [M]．東京：大正一切経刊行会，1924.

律蔵：上巻 [M]．東京：甲子社書房，1926.

大正蔵：第 32 冊 [M]．東京：大正一切経刊行会，1924.

大正蔵：第 1 冊 [M]．東京：大正一切経刊行会，1924.

大正蔵：第 54 冊 [M]．東京：大正一切経刊行会，1924.

大正蔵：第 25 冊 [M]．東京：大正一切経刊行会，1924.

大正蔵：第 21 冊 [M]．東京：大正一切経刊行会，1924.

狩野永納，檜山義慎．本朝畫史 [M]．東京：国書刊行会，1974.

新加書纂録類．二中歴改定史籍集覧 23[M]．東京：近藤活版所，1901.

秋山光和．図版解説—敦煌画阿弥陀浄土図 [J]．美術研究，1976.

室伏麻衣．キジル大第 38 窟における壁画の描画技法・材料研究 [D]．東京芸術大学修士論文，2012.

有賀祥隆．日本の美術 6 [M]．東京：至文堂，1997.

野間清六．截金文様考 [J]．仏教美術 17，1930.

永井信一．仏像の金箔と彩色について [J]．女子美術大学研究紀要，1989.

谷口陽子．キジル千仏洞の壁画に関する彩色材料と技法調査：六九窟、一六七窟、二二四窟を中心 [G]//
　　金沢美術工芸大学．シルクロードキジル石窟壁画の絵画材料と絵画技術の研究，2016.

奈良国立博物館．聖地寧波—日本仏教 1300 年の源流 [Z]．奈良国立博物館，2009.

水野敬三郎．西安大安国寺遺跡出土の宝生如来像について [J]．仏教芸術，1983.

有賀祥隆．仏教絵画における和様化—切金文様の受容と変容 [J]．美術史，2009.

平安仏所．截金—江里佐代子 [M]．京都：平安仏所，2006.

テオフィルス（森洋訳）．様々な技能について [M]．東京：中央公論美術出版，1996.

谷口陽子．バーミヤーン仏教壁画の材質分析（2）シンクトロン放射光を用いた N(a) 窟における錫箔

を用いた技法の分析 [J]. 保存科学，2006.

高橋香里. 金属箔を使用した西洋中世油彩技法の考察 [D]. 東京藝術大学修士論文要旨，2016.

岩井俊平. 中央アジアの壁画の放射線炭素年代と美術編年の比較 [J]. シルクロードの壁画—東西文化の交流を探る，2007.

東大寺献物帳 [Z]. 博物館蔵版，1880.

長広敏雄. 敦煌絹幡「金剛力士像」について [J]. 東方学報，1964.

柳澤孝. 異色ある孔雀明王画像 [J]. 美術研究，1982.

大正蔵：第 4 冊 [M]. 東京：大正一切経刊行会，1924.

宮治昭. 涅槃と弥勒の図像学—インドから中央アジアへ [M]. 東京：吉川弘文館，1992.

土谷遥子. アフガニスタン・カピサ地方ハム・ザルガール仏教寺院址出土の帝釈窟説法図 [J]. 上智大学外国語学部紀要，1985.

第三回文化財保存学日本画研究発表. 美しさの新機軸—日本画過去から未来へ [R]. 公益財団法人芳泉文化財団. 2016.

三、西文文献

Zhibo Zhou, Ling Shen, Chenlu Li, et al. Investigation of Gilding Materials and Techniques in Wall Paintings of Kizil Grottoes[J]. Microchemical Journal, 2020:7.

Jayanta Chakrabarti. Techniques in Indian Mural Painting[M]. Atlantic Highlands, N.J.: Humanities Press Inc., 1982.

Stella Kramrish. The Vishnudharmottara (Part III): A Theatise on Indian Painting and Image-Making[M]. Calcutta: Calcutta University Press, 1928.

Isabella Nardi. The Theory of Citasutras in Indian Painting[M]. London and New York: Taylor and Fracis Group, 2006.

R.J. Cathro. Tin Deposits and Early History of Bronze[J]. CIM Magazine, 2005(98): 1088.

William J. Hamblin. Warfare in the Ancient Near East to 1600 BC- Holy Warriors at the Dawn of History[M]. London: Routledge, 2006.

Thomas Stöllner. Copper and Tin from the Central Asian Steppe. [EB/OL]. (2018-11-18) [2019-11-04]. https://www.ruhr-uni-bochum.de/archaeologie/forschung/projekte/zentralasiatischesteppe.html.en.

Eraclio. I Colori E Le Arti Dei Romani[M]. Bologna: Società Editrice il Mulino, 1996.

John Harthan. Das Straßburger Manuskript. Handbuch für Maler des Mittelalters[M]. New York: Transatlantic Arts, 1966.

Mrs. Mary P. Merrifield. Original Treaties on the Arts of Painting[M]. New York: Dover

Publications Inc., 1967.

A. Cunningham. The Ancient Geography of India, vol. Ⅰ [M]. London: Trubner and CO., 60 Paternoster Row, 1871.

A. Foucher. L'art Gréco-bouddhique du Gandhâra: Étude Sur les Origines de L'influence Classique dans L'art Bouddhique de L'inde et de L'extrême-orient, Ⅱ [M]. Paris: E. Leroux, 1918.

后 记

　　本书涉及绘画材质、色彩观念、材料技法、复原研究等几方面内容，这一构架与我的研学历程与研究方向相契合。我自初中开始学习绘画，大学毕业后，在从事绘画创作与教学工作的同时，开展美术遗产调研与摹写。目前，我在广州美术学院承担传统绘画保存修复的学科建设与教学工作，这是我三十年前开始学画时未曾预料的。

　　2011 年，我获日本东华教育文化交流财团资助，在京都市立艺术大学从事古代绘画摹写与材料技法研究。京都深厚的文化底蕴与丰富的美术遗产，为我打开了另一扇认识古典美术的窗口。2013 年，我有幸获国家公派留学资格，赴东京艺术大学攻读文化财保存学博士学位，主修古代绘画保存修复。本书汇总了2005 年至今，包括我在日本留学期间的相关研究内容。从现代绘画创作逐步转向古典绘画保存修复及材料技法研究，我的研学历程似乎从形而上的精神层面下降到形而下的物质层面。经历这些后，仍然自诩为画家的我，与其说感受到了知识海洋的浩瀚宽广，毋宁说更深刻地意识到自身认知的有限与狭隘。或许，正是进入保存修复领域的研究，切实地触摸到了古代绘画的材质，揭开画作历经岁月的裱褙，加固了即将脱落的颜料，才让我感悟到作品如同每一个有限的生命个体一样值得被尊重。怀着这份敬畏之心，我记录下自己这些年来认识到的问题，并对此发表一己之见。

　　本书的顺利完成得益于诸多机构、团体以及个人的支持与协助。在这里，我要感谢国家留学基金委员会对我的信任，使我有机会出国留学深造；感谢日本东华教育文化交流财团对我在京都留学期间的资助，以及日本芳泉文化财团对我博士研究课题的资金支持，助力我顺利完成学业。

在艺术创作与学术研究历程中，我要特别感谢厦门大学张小鹭教授的不吝教导与鞭策，使我具备了实践与理论并行的研究视野；感谢日本京都市立艺术大学宫本道夫教授、正垣雅子副教授，在留学京都期间，对我生活与学习无微不至的关照与悉心指导；感谢我的博士导师东京艺术大学荒井经教授，他有敏锐的问题意识与国际化视野，在博士课题研究中给予我充分理解、支持与指导。另外，还要感谢东京艺术大学宫回正明教授、有贺祥隆教授、国司华子教授、大竹卓民老师，他们作为我博士研究的副审查员，给予了我诸多有益的建议与鼓励；感谢筑波大学谷口阳子教授为本书提供的相关数据与图像资料。

在研究资料与出版事宜上，感谢新疆克孜尔石窟研究所美术研究所李佛所长、周智波副研究员提供的研究资料；感谢浙江大学张晖教授对本书出版的大力协助，以及浙江大学出版社葛玉丹女士、韦丽娟女士在本书出版过程中的辛勤付出。另外，上海戏剧学院邵旻教授不仅为我的研究提供了她亲手加工的植物颜料，还在本书排版设计上不遗余力地给予帮助，在此郑重表示感谢！

最后，感谢一直以来为我默默付出的家人与亲友。

何韵旺
2024 年冬于广州工作室